Dieter Brockmeyer

CAMPUS MUNDI

Ein Campus für die Welt von morgen

DWI-Schriftenreihe, Band ZWEI

Diplomatic World Institute, 2024

Dieser deutlich erweitere und aktualisierte Band basiert auf der Anfang 2024 von der DWI herausgebrachten englischsprachigen Ausgabe: „CAMPUS – Approaches to a Planet in Transition". Das Copyright für beide Werke liegt beim Autor.

Umschlagfoto: Dieter Brockmeyer, Mai 2024 (Aus dem Foyer der Oper Frankfurt während eines schweren Unwetters)

Inhalt

GRUSSWORT

Liebe Freunde, liebe Leser!

Mit großer Freude präsentieren ich Ihnen wieder auch die deutsche, erweiterte Fassung des zweiten Bandes unserer Schriftenreihe, in dem DWI-Mitbegründer und Innovationsexperte Dieter Brockmeyer jetzt die ersten Schritte zur Umsetzung unseres Innovationskonzepts zum Wohle unseres Planeten darstellt.

Wir werden in diesem Sinne weiterarbeiten, da das kontinuierliche Feedback, das wir erhalten, sehr positiv ist. Wir freuen uns darauf, dazu mit Ihnen im Gespräch zu bleiben.

Herzlichst

Barbara Dietrich
President Diplomatic World Institute

„Alles ist schon einmal gesagt worden, aber da niemand zuhört, muss man es immer wieder von neuem sagen.“

André Gide, „Le Traité du Narcisse“, 1892

WILLKOMMEN auf dem CAMPUS

Willkommen auf dem virtuellen Campus des Diplomatic World Instituts, einem lebendigen Ort des Experimentierens und der Innovation. Lassen Sie uns Ihr Führer in die Zukunft sein, für eine Zeit beispiellosen Wandels, wie sie die Menschheitsgeschichte noch nie zuvor gesehen hat. Mitten in der Covid-19-Pandemie wurde nicht nur unser Institut gegründet, wir haben auch die Wholistic World Innovation Trophy gestartet. Zudem wurde mein erstes Buch, "Pandemia's Box", veröffentlicht, ein Kompendium, das versucht, den Zustand der Welt zu analysieren und das Konzept des ganzheitlichen Denkens einzuführen. Ziel ist es, eine neue Innovationskultur zu initiieren. Sie soll es uns ermöglichen, die Welle zunehmender Herausforderungen auch in Zukunft erfolgreich anzugehen. Seit Covid ist die Lage in der Welt nicht einfacher geworden - im Gegenteil: Die Anzahl der weltweiten Krisen ist weiter angestiegen, darunter beunruhigende Kriege mit dem Potenzial, die Welt in Brand zu setzen. Gerade in dem Jahr, in dem dieses Buch entsteht, stehen einige Entscheidungen an, die das Potential haben, den Lauf der Welt langfristig völlig auf den Kopf zu stellen. Erwarten Sie bitte keinen fertig konfigurierten Baukasten. Was ich mit diesem Buch versuche, ist Impulse zu geben, um eine breite Diskussion anzustoßen, wie wir Frieden auf den Planeten bringen und Lösungen für seine brennenden Probleme finden können.

Nachdem unser erstes Buch den Zustand des Planeten analysiert hat, wird Campus Mundi, also der Campus der Welt, nach Lösungsansätzen suchen. Das Buch wird - so hoffe ich - genügend Material liefern, um diverse Ansätze ablehnen oder befürworten, also ganz einfach lebhaft diskutieren zu können. Vielleicht können wir eine Welle initiieren und damit etwas Großes anstoßen. Es ist nur eine Hoffnung. Aber was wäre die Welt ohne Hoffnung?

Erst jetzt, durch die Veröffentlichung von ChatGPT im November 2022, sind die Menschen sich des Potenzials der Künstlichen Intelligenz, KI, bewusst geworden. Das war für viele ein Schock; dabei war es nichts wirklich Neues. Die meisten von uns nutzen regelmäßig Anwendungen wie Übersetzungssoftware oder Transkriptoren, und wir sehen fast wöchentlich, dass sie besser werden. Aber es brauchte einen Augenöffner, um die Auswirkungen auf jeden von uns vorstellbar zu machen. Das Beunruhigende daran ist, es ist erst der Anfang. Die eigentlichen Anwendungen werden gerade erst eingeführt und entwickeln sich rasant weiter.

Die Entwicklung von KI wird sich in absehbarer Zukunft weiter massiv beschleunigen. „KI auf Steroiden" nannte es jemand kürzlich am Rande des Weltwirtschaftsforums in Davos. Die nächste Generation von Computern, Quantenmaschinen, die die Rechenleistung vervielfachen, werden den Fortschritt beschleunigen – nicht nur in der KI, sondern in allen Bereichen. Viele von uns sind immer noch nicht in der Lage, sich die Auswirkungen vorzustellen. Auch Technologien wie Blockchain oder das Metaversum, das derzeit in der Wahrnehmung etwas an den Rand gerückt ist, werden einen massiven Beitrag zu dieser gigantischen Welle des Wandels leisten.

Sind wir darauf vorbereitet? Persönlich bezweifle ich das! Die weltweiten Probleme sind zu komplex geworden, um sie auf individueller Basis zu lösen, nicht einmal auf der Basis großer Nationalstaaten. Es erfordert globale Zusammenarbeit. Heute scheint jedoch genau das Gegenteil auf dem Vormarsch zu sein. Aufgrund unterschiedlicher Geschwindigkeiten bei der Einführung neuer Technologien werden die alten, stabilen globalen Beziehungen in Frage gestellt. Neue, hoch agile Akteure stellen die alte Ordnung infrage, ignorieren aber noch die globalen Herausforderungen von heute, wie etwa den Klimawandel, und verursachen zusätzliche.

Ein Grund dafür liegt darin, wie Menschen in den letzten tausenden Jahren zu denken konditioniert wurden. Das wird viel zu oft ignoriert. Um zu überleben, brauchte man kurzfristige Lösungen, die dann einen Vorsprung gegenüber konkurrierenden Stämmen ermöglichten. Das schuf Fortschritt in der Gruppe und sicherte die Zukunft der eigenen Familien und des Clans.

Zudem brauchen wir unsere Komfortzonen, das Gefühl, das alles seinen gewohnten Gang geht. Dann fühlen wir uns sicher, weil wir das Gefühl haben, zu wissen, was als nächstes passieren wird. In Zeiten des Wandels verlieren wir dieses Gefühl. Das erzeugt Ängste, und wir möchten zurück in unsere Kuschelecke. Für mich scheint das einer der Hauptgründe zu sein, warum nationalistische Ideologien momentan wieder so viel an Schwung gewinnen. „Früher war alles besser", das stimmt bestenfalls in der Erinnerung. Unangenehme Erlebnisse und Erfahrungen werden schlicht verdrängt.

Gerade hier, in den sogenannten "entwickelten Ländern", genießen wir unsere Komfortzonen – und nehmen unseren Wohlstand für „garantiert". Die Generation Z, GenZ, die gerade an die Universitäten und auf den Arbeitsmarkt drängt, hat in vielerlei Hinsicht mit traditionellen Werten und Arbeitsethiken gebrochen. "Wir können alles viel einfacher erreichen." Die aufstrebenden Länder in Asien hingegen bewahren die alten Arbeitsethiken und Selbstdisziplinierung. Sie sind stolz auf jeden kleinen Fortschritt und werden dadurch ermutigt, ihre Anstrengungen und ihre Geschwindigkeit zu erhöhen. Das verstärkt die Herausforderung der tradierten Weltordnung.

Ich mache der GenZ keine Vorwürfe. Es ist das Ergebnis dessen, was wir ihnen beigebracht haben. Sie sind aufgewachsen mit dem Gefühl, dass Wohlstand etwas Selbstverständliches ist. Sie wollen es besser machen, als ihre Eltern, die sich abgearbeitet haben. Meine Mutter glaubte daran, dass es uns immer besser gehen wird. Sie wollte daran glauben. Es gab ihr ein gutes Gefühl. Es ist ein alter Traum, den die meisten von uns leben. Wir wollten schon immer das Schlaraffenland. Unsere moderne Welt vermittelte uns viel zu lange die Illusion, dass das keine Utopie mehr sei.

In den meisten Fällen weiß die ältere Generation, dass es eine Illusion ist, weil sie hart für ihren Erfolg arbeiten musste. Der jüngeren Generation fehlt diese Erfahrung. Die Möglichkeiten, Erfahrungen an die nächste Generation weiterzugeben, sind begrenzt. Die Jüngeren werden es vielfach nicht glauben. Das ist ein weiterer Teil unserer Natur: Jede neue Generation muss ihre eigenen Erfahrungen machen. Wenn eine ältere Generation sagt, dass etwas aufgrund ihrer Lebenserfahrung nicht funktioniert, wird die jüngere Generation es trotzdem ausprobieren. Oft werden sie scheitern, und das wird ihnen eine Lebenslektion erteilen. Aber es gibt auch Fälle, da funktioniert es, etwa weil Bedingungen sich geändert haben. Etwas, das früher unmöglich schien, kann dann doch erreicht werden!

"Es gibt für alles einen Grund", diese Aussage stammt vom schottischen Philosophen David Hume. Unterstellen wir einmal, dass es wirklich so ist. Dann ist es gut, auf unsere eigenen Lebenserfahrungen aufzubauen, denn so entsteht Fortschritt. Es gibt jedoch auch immer eine dunkle Seite: Wir lernen nicht aus der Geschichte. Die nächste Generation wird Fehler aus der Vergangenheit wiederholen, wenn auch in einer anderen Form. Unsere Geschichtsbücher zeigen die Wellen: Liberale und blühende Zeiten werden von Zeiten des Bildersturms und der Autokratie abgelöst.

Es gibt einen Grund, warum Historiker so viele Ähnlichkeiten zwischen heute und der Zeit vor dem Ersten und Zweiten Weltkrieg sehen. Um ähnliche Katastrophen zu vermeiden oder zumindest zu minimieren, benötigen wir ein neues Gleichgewicht, und wir brauchen es schnell. Andernfalls riskieren wir den nächsten Zusammenbruch. Wir sind ihm bereits sehr nahe gekommen.

Nicht ohne Grund habe ich diesem Buch das Zitat aus André Gides Traktat „Le Traité du Narcisse" (Traktat vom Narziss) von 1892 vorangestellt, das als das wichtigste Manifest des französischen Symbolismus gilt: „Alles ist schon einmal gesagt worden, aber da niemand zuhört, muss man es immer wieder von neuem sagen." In vielen Fällen werden wir diese Aussage bestätigt sehen. Allerdings stimmt sie nicht immer. Es kommt durchaus vor, dass sich Rahmenbedingungen im Laufe der Zeit verändern und dann auch das bereits wiederholt gesagte zumindest graduell angepasst werden muss. Wir hören nicht zu, aber gelegentlich ist das sogar gut. Das macht das Ganze so komplex und so schwer: Wo enthält die Geschichte eine Lehre und wo hat sich das bereits überholt. Ich versuche genau diesen Spagat.

Das ist der Grund, warum wir Sie auf den CAMPUS der Welt einladen, nicht um fertige Lösungen zu liefern, sondern um ergebnissoffen, gemeinsam mit Ihnen einen kleinen Schritt in die Richtung dahin zu gehen.

Der traditionelle Universitäts-Campus ist ein Ort, an dem Menschen zusammenkommen, unabhängig von ihrer Religion, ihrer kulturellen oder nationalen Herkunft, über alle Fakultäten hinweg. Studenten und Lehrkräfte treffen sich in ihren Wohnheimen oder den Sozialeinrichtungen, auf dem Weg von oder zu Seminaren oder Laboren, um zwischendurch einen Kaffee zu trinken oder etwas zu essen. Sie sitzen zusammen und plaudern und haben manchmal verrückte Ideen. Doch nicht selten werden diese Ideen Ausgangspunkte für neue, weltverändernde Projekte.

Das Geheimnis ist echte Toleranz. Im Gegensatz zu heute, wo viele Gruppen Toleranz einfordern, ohne bereit zu sein, sie selbst zurückzugeben, müssen wir einander respektieren und akzeptieren, dass es nicht die eine und einzige Idee gibt, um alle Probleme zu lösen. Es ist nicht Schwarz oder Weiß. Es ist Schwarz UND Weiß - zuzüglich aller Grautöne! Wahre Toleranz wird traditionell auf dem Campus gelebt und ermöglicht Kreativität. Nutzen wir diesen Geist, um unseren Planeten zu einem besseren Ort zu machen. Machen wir ihn zum Vorbild für globale

Zusammenarbeit und Fortschritt. Die ganze Welt wird zu einem Campus, einem CAMPUS MUNDI, und wir alle tragen dazu bei. Was auf den ersten Blick naiv erscheint, könnte sich jedoch als echter „Game Changer", also als etwas, das die Spielregeln grundsätzlich verändert, herausstellen. Doch bleiben wir realistisch: Wir werden nicht die ganze Welt erreichen. Aber wenn wir eine Welle erzeugen und diese Welle groß genug wird, dann werden wir gehört - und wir werden einen Unterschied machen.

Um das Lesen zu erleichtern, gebe ich keine ausführlichen Quellenangaben in Fußnoten an, jedoch ermutige ich jeden, tiefer einzutauchen. Die meisten Details sollten leicht über die üblichen Suchmaschinen zu finden sein. Lasst uns alle zusammenkommen, um einen Unterschied in der Welt zu machen und den menschlichen Fußabdruck nachhaltig positiv zu gestalten. Ich habe mich entschlossen, nicht zu gendern, weniger aus ideologischen Beweggründen, als aus dem Selbstverständnis heraus, das Inklusion und Diversität eine Selbstverständlichkeit ist, die keine besondere sprachliche Anpassung braucht. Demokratie ist per Definition inklusiv und divers. Das heißt nicht, dass sie perfekt ist. Aber sie kann besser werden, wenn wir es uns bewusst werden.

DER „WHOLISTISCHE" ANSATZ

Auch im Englischen gibt es den Begriff „holistic", für „holistisch" oder ganzheitlich. Wir haben uns aber für das ebenso mögliche, aber weniger gebräuchliche „wholistic" entschieden, um uns von der esoterischen Vereinnahmung des gebräuchlicheren Begriffs abzusetzen. Deshalb behalte ich den englischen Begriff auch im Deutschen bei, auch wenn der erst einmal gewöhnungsbedürftig ist.

Wir schauen auf uns Menschen, darauf, wie wir unsere Umwelt wahrnehmen. Das ist immer eine Frage der Perspektive. Wir sind durch sie begrenzt und geprägt durch unsere Umgebung, durch das, was uns beigebracht wurde, und durch unsere Lebenserfahrungen. Jeder ist seine eigene Insel. Vielleicht kennen Sie diesen Cartoon, ich erinnere mich nicht, wer der Zeichner ist: Zwei Leute stehen einander gegenüber mit einer Zahl, die zwischen Ihnen auf den Boden gemalt ist. Einer behauptet, es sei eine "6", auf "9" besteht der andere. Aus ihrer jeweiligen Perspektive haben beide recht.

Das hat Auswirkungen auf unsere Entscheidungen. Wir sind darauf konditioniert, kurzfristige Entscheidungen zu treffen. Dabei sind wir auf unsere Insel beschränkt. Unsere Wahrnehmung sagt uns, dass etwas richtig ist, ergo müssen alle anderen falsch liegen. Eigentlich könnten wir erkennen, dass das nicht der Fall ist, aber dennoch verteidigen wir unsere (kurzfristigen) Interessen.

Im Laufe der Geschichte war das oft der Grund für Kriege. Das ist etwas, das tief in unsere DNA oder zumindest unseren Gehirnen eingemeißelt ist. Wir können es nur schwer ändern. Aber wir können uns dessen bewusst sein, indem wir andere Perspektiven respektieren. Wir werden immer noch nicht in der Lage sein, den vollen Umfang zu erkennen, aber es wird die Qualität unserer Entscheidungen verbessern – aber das ist natürlich viel anstrengender.

Wieder einmal gibt es auch bei Entscheidungen, das ist auch nichts Neues, immer mindestens zwei Möglichkeiten, eine egoistische, um kurzfristig Gewinne oder Einfluss zu erlangen – oder wir können uns für ein höheres Ziel und zur Verbesserung der Situation für alle einsetzen, von der wir am Ende auch selbst profitierten! Nicht so schnell, wie wenn wir ausschließlich zum eigenen Vorteil arbeiteten, aber langfristig dafür umso mehr, wenn wir damit etwa den Planeten für unsere Kinder erhalten.

Auf lange Sicht werden wir – oder unsere Kinder - mit kurzfristiger Vorteilnahme mehr verlieren als gewinnen. Du könntest heute sehr reich werden, aber deine Kinder müssen kämpfen, weil der Planet zu heiß geworden und die gesamte menschliche Spezies gefährdet ist. Es scheint eine einfache Entscheidung zu sein. Sie ist es nicht. Du bist in deiner eigenen Perspektive gefangen, die dich täuscht. Das wird leicht zur Falle. Die Frage ist, wie wir ihre Auswirkungen begrenzen können.

Ich glaube, die Antwort liegt im „Mindset". Die deutschen Übersetzungen „Mentalität", „Bewusstsein" oder „Denkweise" greifen alle zu kurz. Mindset beinhaltet auch, wie unsere Denkweise konditioniert wurde. Wir müssen trainieren, uns selbst zu hinterfragen. Wir müssen den Argumenten anderer nicht nur zuhören, sondern sie auch ernsthaft in Betracht ziehen. Wir behalten wahrscheinlich immer noch grundlegend unsere Perspektive bei, aber zumindest erweitern wir die Wahrnehmung und damit die Handlungsoptionen.

Das Diplomatic World Institute hat 2021 bereits das Konzept einer ganzheitlichen Innovation, der „Wholistic Innovation", vorgestellt. Wir begannen direkt nach der Gründung des Instituts im Jahr 2019 mit der Vorbereitung der "Wholistic World Innovation Trophy" und verkündeten den ersten Laureaten, verzögert durch die Pandemie, im Jahr 2021. In dem Buch "Pandemia's Box", das wir im gleichen Jahr veröffentlicht haben, ging es nicht darum, Lösungen zu liefern, sondern die verschiedenen Aspekte zu analysieren, die für einen ganzheitlichen Ansatz berücksichtigt werden müssen. Es gab einen Überblick über einige Bereiche der heutigen Welt und hob unsere Herausforderungen in den Bereichen von Technologie, Wirtschaft, Gesundheit, Medien und internationale Beziehungen hervor.

Das Ziel sowohl der Trophy als auch des Buches ist es, Bewusstsein zu schaffen und eine Debatte über mögliche Lösungen über Grenzen, Ideologien oder persönlichen Profit hinweg zu initiieren. Wir wollten – und wollen immer noch – uns mit Initiativen weltweit zusammenschließen, die dasselbe Ziel verfolgen, um unsere

Stimme hörbar zu machen und gemeinsam an Lösungen zu arbeiten, die über die heutigen Ansätze hinausgehen.

Es liegt noch ein langer Weg vor uns. Ich glaube fest daran, dass er sich lohnt. Der Grund für unseren ganzheitlichen Ansatz ist, dass alles irgendwie miteinander verbunden ist. Die Bekleidungsindustrie ist ein gutes Beispiel. Hier wird sehr deutlich, wie verschiedene Dinge ineinandergreifen und welche langfristig desaströsen Auswirkungen sie teilweise haben. Wir finden ähnliche Beziehungen in allen anderen Bereichen.

Als ich ein Teenager war, brachten die Modegeschäfte zweimal im Jahr neue Kollektionen heraus, im Frühling und im Herbst. Um einen gesättigten Markt in den sogenannten "entwickelten Ländern" weiter wachsen zu lassen, werden jetzt manchmal wöchentlich neue Modelinien angeboten. Um die Verbraucher weiter zu ermutigen, werden die Preise gesenkt, mit dem Nebeneffekt, dass auch die Qualität sinkt. Das merkt niemand, da die Kleidungsstücke nicht mehr lange getragen werden.

Ich kannte jemanden, der hat jeden Monat 30 Baumwoll-T-Shirts für einen Euro gekauft. Anstatt sie zu waschen, warf er sie nach einmaligem Tragen in den

Müll. Das ist ein extremes Beispiel, aber es zeigt, viele Teile der Billigmode werden gekauft, aber oft kaum oder nie getragen. Nach einiger Zeit im Schrank wandern sie in den Abfall- oder Altkleidercontainer.

Das alleine ist schon überhaupt nicht nachhaltig, aber nur ein kleiner Teil des Gesamtproblems: Als Ergebnis dieser Altkleiderflut ist der Markt für gebrauchte Kleidung bereits zusammengebrochen. Das Beste, was jetzt mit vollständig intakten, gebrauchten Kleidungsstücken passiert, ist, dass sie zerkleinert werden, um zu Teppichen in Autos umgewandelt zu werden. Eine andere Option ist, dass Container mit gebrauchter Kleidung aus Europa die afrikanischen Märkte überschwemmen. Die Stücke haben den Flair der europäischen Mode, und sie sind billig, billiger als die lokale Kleidung. An Ende wird die lokale Bekleidungsindustrie zerstört, und junge Menschen in diesen Ländern verlieren jegliche Perspektive für ihre Zukunft.

Aber noch nicht genug! Betrachten wir die Rohstoffseite. Um ein Bekleidungsstück aus Baumwolle, wie z.B. ein einfaches T-Shirt, herzustellen, wird viel Wasser, unter anderem für die Bewässerung der Felder, benötigt. Infolgedessen trocknete der Aralsee, der früher das zweitgrößte Trinkwasser-Reservoir der Welt war, fast vollständig aus. Das Wasser aus den Flüssen, die den See speisen, kommt dort nicht mehr an, weil es für die Bewässerung der riesigen Baumwollfelder entlang der Flussläufe abgeleitet wird.

Wir finden ähnliche Verkettungen in jedem anderen Bereich, auch im Bereich der neuen Technologien. Wir sind alle daran gewöhnt, teilweise jährlich auf das neueste Handy umzusteigen. Das bedeutet, dass jedes Jahr riesige Mengen wertvoller Rohstoffe, wie zum Beispiel Gold, Lithium oder Seltene Erden, verbraucht werden. Die Altgeräte werden bislang nur zu einem Bruchteil recycelt. Das erhöht die bereits erheblichen Belastungen der Rohstoffgewinnung auf die Umwelt und die sozialen Bedingungen in den Ländern, wo sie geschürft werden.

Eine immer größer werdende Anzahl riesiger Rechenzentren erhöht den weltweiten Energiebedarf dramatisch. Schon heute beanspruchen sie einen Anteil von 4 Prozent des weltweiten Energieverbrauchs. Er soll in den kommenden Jahren auf über 30 Prozent anwachsen. Und das, obwohl man bei der Reduktion des Energieverbrauchs Fortschritte gemacht hat. Früher glaubte man, ein Rechenzentrum durchgängig kühlen zu müssen. Das hieß, man verwendete die gleiche Strommenge, die für den Betrieb der Server erforderlich war, noch einmal für die Kühlung. Heute weiß man, dass das so nicht nötig ist und kühlt viel selektiver und sparsamer. Allerdings werden immer größere Zentren mit immer größerer Leistung gebaut, so dass sich der Stromspareffekt nicht bemerkbar macht. Dieser wachsende Energiebedarf ist ein weiteres Problem, dem wir uns stellen müssen – auf nachhaltige Weise, wenn wir unseren Planeten und unsere eigene Zukunft nicht gefährden wollen!

Dabei stehen wir auch hier noch ganz am Anfang. Wir wurde gerade erst von der Künstlichen Intelligenz, kurz KI, überrascht, die in den nächsten 10 Jahren die Art und Weise, wie wir arbeiten und wie wir miteinander umgehen, stärker verändern wird, als es in den letzten 100 Jahren der Fall war. Die nächste Generation von Computern auf der Grundlage von Quantentechnologie hat bereits erste Auswirkungen auf unsere Gesellschaft. Die neue Computergeneration kann mathematische Probleme, für die die fortschrittlichsten herkömmlichen Computer noch 43 Jahre brauchen, in wenigen Minuten lösen. Das wird das Tempo des Fortschritts und damit des Wandels noch weiter erhöhen.

Wir haben noch nicht über Blockchain-Technologie oder das Metaverse gesprochen. Beide Trends wurden von dem jüngsten PR-Getöse rund um die KI überdeckt, sind aber immer noch im Hintergrund aktiv. Die Blockchain-Technologie, am besten bekannt für Kryptowährungen, die das Wahrnehmungstief bereits wieder verlassen haben, wird insgesamt eine sehr breite Auswirkung haben. Das gilt auch für das Metaverse. Eine Digitalexpertin drückte es so aus: "Wir sind noch keine digitale Spezies – wir stehen noch ganz am Anfang."

Verstehen Sie mich bitte nicht falsch. Ich schätze den Fortschritt sehr. Wir können ihn sowieso nicht stoppen. Entweder nutzen wir ihn zu unserem Vorteil oder er wird uns kontrollieren. Zumindest wird der Transformationsprozess dann sehr schmerzhaft sein.

Ich bevorzuge die erste Option. Wir müssen uns darauf vorbereiten, mit dem Wandel umzugehen. Dann haben wir die Chance, Schmerz und Instabilität für unsere Gesellschaft gering zu halten. Im Gegenteil, am Ende können wir unseren Planeten positiv gestalten, zu unser aller Vorteil.

DER FAKTOR TECHNIK

Wir brauchen eine „Neue Innovationskultur", die uns auf den beispiellosen Wandel in der Menschheitsgeschichte vorbereitet. Dieser Wandel hat sich in den letzten Jahrzehnten bereits dramatisch beschleunigt und wird das auch weiterhin tun. Der Treiber sind technologische Innovationen, die enorme Herausforderungen für die gesamte Menschheit schaffen. Wir sind nicht darauf vorbereitet.

Sobald eine Technologie einmal da ist, verschwindet sie nicht wieder. Wir müssen lernen, mit ihr umzugehen. Entweder nehmen wir sie an und nutzen sie zu unserem Vorteil, oder es wird jemand anderes zu seinem Vorteil tun, sehr wahrscheinlich zu unserem Nachteil. Die neue Technologie zu ignorieren und uns in unseren alten Komfortzonen zu verstecken, ist keine Antwort. Wir müssen proaktiv versuchen, das Beste aus ihr zu machen.

Die wichtigsten Technologien, die die Entwicklung in den kommenden Jahren am meisten vorantreiben werden, habe ich hier bereits identifiziert und versuche jetzt, einen kurzen Überblick über ihre Auswirkungen, aber auch über die mit ihnen verbundenen Ängste zu geben, und zwar in der Reihenfolge des potenziellen Einflusses auf uns. Das macht es einfacher, eine mögliche neue Innovationskultur zu umreißen.

Metaversum

Es ist ein wenig ruhig geworden um diese Technologie, seit Künstliche Intelligenz die Bühne betreten hat. Solche Wahrnehmungsschwankungen passieren immer wieder. Vielleicht erinnern Sie sich an die erste Welle der „Virtuellen Realität" in den 1990er Jahren mit diesen schweren Helmen und der sehr einfachen Blockgrafik in der höchst einfachen künstlichen Welt. Die Technologie war damals noch sehr am Anfang.

Heute ist die Situation ähnlich, obwohl die Technologie natürlich viel weiter fortgeschritten ist. Sie können immer noch keine vollwertigen virtuellen Erfahrungen ohne Technologiegebrauch machen, das heißt, sie müssen auf bestimmte Möglichkeiten verzichten, oder erst relativ aufwendig zu navigieren lernen, je nachdem wie komplex die Anwendung aufgebaut ist. Einer Akzeptanz in der breiten Öffentlichkeit steht das massiv entgegen. Das bedeutet aber keinesfalls, dass das Metaversum tot ist. Die Entwickler arbeiten im Stillen weiter, bis die fortgeschrittenere Version präsentiert werden kann. Ähnliches haben wir bei der Entwicklung von KI gesehen, wo bis zur ChatGPT-Vorstellung niemand ahnen wollte, was da auf uns zu kommt. Am Ende wird es sich natürlich voll entfalten.

Langfristig wird das Metaverse eine sehr wirkungsmächtige Technologie sein. Das bedeutet nicht, dass wir alle in virtuellen Blasen leben, sondern dass wir die Realitäten ändern, wie wir es brauchen, je nachdem, was den Bedürfnissen im jeweiligen Augenblick am besten entspricht. Realität und Virtualität werden sich vermischen. Das wird unsere Lebensweise dramatisch verändern - basierend auf unserer digitalen Identität.

Es wird noch eine Weile dauern, bis das vollständig möglich ist, denn die Entwicklung steht noch in einem sehr frühen Stadium. Ich kann nicht vorhersagen, wann es soweit sein wird; es hängt sehr von verschiedenen Faktoren ab, die nicht vorhergesagt werden können.

Die Menschen sind widerstandsfähig und misstrauisch gegenüber neuen Trends. Das ist einer der wesentlichen Faktoren, die Vorhersagen so schwierig machen. Der andere Faktor ist, wie schnell eine Technologie massentauglich ist. Heute ist noch kein echtes Metaverse möglich. Die virtuellen Welten, die heute angeboten werden, sind sehr begrenzt. Wir können in ihnen nicht riechen oder schmecken, und auch etwas zu berühren ist immer noch sehr unrealistisch.

Durch Maschinen können wir diese Defizite teilweise ausgleichen. Sie sind jedoch sehr komplex und teuer, sodass sie nur für Unterhaltungsparks oder Spielhallen Sinn machen. Dabei können sie immer noch keine vollwertige Empfindung vermitteln. Ich denke etwa an Laufbänder, sodass man sich scheinbar real in einem virtuellen Raum bewegen kann, oder an Düsen, die etwa Gerüche einsprühen und im richtigen Moment wieder absaugen.

Meine Vorhersage ist, dass eine volle Akzeptanz des Metaversums erst erreicht wird, wenn eine echte Schnittstelle zu unserem Gehirn verfügbar ist. Wir haben alles in unseren Erinnerungen gespeichert. Wenn Sie diese aktivieren, müssen wir keine künstlichen 3D-Welten entwickeln, die Massen an Daten und Energie erfordern, wir müssen uns nicht um die Erzeugung von Gerüchen, Geschmäcker oder anderer Sinneswahrnehmungen kümmern. Erste Erfolge bei der Entwicklung solcher Schnittstellen gibt es bereits. Kampfpiloten feuern ihre Bordwaffen inzwischen mit Gehirnimpulsen ab. Eine vollständige Koppelung an unser Gehirn könnte also irgendwann einmal möglich zu sein. Niemand kann vorhersagen, ob und wann das fortgeschritten und erschwinglich genug sein wird. Elon Musk sucht Freiwillige, die seinen Gehirnchip implantieren lassen. Diese Chips können noch nicht viel, aber das dürfte sich schnell ändern. Immerhin sind sie bereits in der Lage, bei in ihren Fähigkeiten beeinträchtigten Menschen diese Fähigkeiten zumindest teilweise zu kompensieren und so deren Leben zu erleichtern.

Allerdings sind die meisten Menschen gegenüber der Technologie sehr skeptisch und halten sie für gefährlich. Ich persönlich denke daher, es wird viel mehr in Richtung sogenannter „Wearables", also Brillen, Armbanduhren, oder in Kleidung integrierter Sonden gehen, die drahtlos mit unseren Synapsen im Gehirn verbunden sind. Damit lässt sich eine breite Akzeptanz viel schneller herstellen. Es wird immer noch enorme Anstrengungen und Zeit erfordern, um Ängste zu überwinden, unabhängig davon, wann die Technologie reif für den Massenmarkt ist.

Heute gibt es erst eine sehr begrenzte Auswahl an Anwendungen, die im Metaverse erlebt werden können, insbesondere im Gaming- und Unterhaltungssektor. Beide Sektoren sind sicherlich Treiber der heutigen immersiven Industrie. Es gibt bereits interessante Experimente im Einzelhandel und im Immobilienbereich, die versuchen, ein immersives Erlebnis und Produktpräsentationen für Kunden zu schaffen. Ein Stichwort ist hier „Augmented Reality", also Erweiterte Realität. So gibt es etwa Spiegel, die zeigen, wie wir in einem neuen Anzug, einem neuen Kleid oder mit einer neuen Frisur aussehen. Oder wir bekommen weiterführende Informationen zu touristischen Attraktionen oder Produkten eingeblendet. Heute geht das noch vor allem über unsere Mobiltelefone, wo diese Zusatzinformationen in das Kamerabild eingeblendet werden. Bald wird das wohl eher in die Gläser von ganz normal aussehenden Brillen erfolgen. Die ersten dieser Brillen sind schon am Markt und es gibt Stimmen, die sie bereits als die Zukunft der Smartphones sehen. Statt in der Tasche hätten wir sie dann permanent einsatzbereit direkt vor unseren Augen.

Auch das sind weitere Schritte in ein Metaversum. Schon heute werden Geschäftstermine im Metaversum als näher an echten Treffen in der realen Welt wahrgenommen – wenn auch immer noch mit Einschränkungen – als inzwischen voll akzeptierte Videokonferenzen. Das alles bereitet uns in gewisser Weise auf die kommende Welt vor. Voraussetzung dafür ist freilich auch unsere "digitale Identität" und wie sie mit unserer physischen Identität interagiert.

Auch unsere Digitale Identität ist heute noch in einem sehr frühen Entwicklungsstadium. Normalerweise haben wir gleich eine ganze Reihe von solchen digitalen Identitäten, für unsere Einkäufe und sozialen Medienplattformen, für unsere Dating-Seiten und so weiter. Für jede

Plattform gibt es eine eigene Identität, die sich signifikant von einer anderen unterscheiden kann. Alle diese
Plattformen sammeln unsere Daten separat gemäß ihren
Bedürfnissen und nutzen sie, ohne dass wir darauf nennenswert Einfluss haben.

Wir haben nicht wirklich die Kontrolle darüber, was mit
diesen Daten geschieht, wo zum Beispiel unsere Bilder
erscheinen, oder welche Informationen an wen weiterge-
geben werden. Das muss sich ändern, damit wir auch digital selbstbestimmte Bürger sind. Ein mögliches Konzept ist die "Meta-ID" - sie hat nichts mit der Facebook-
Mutter "Meta" zu tun - sondern mit unseren Metadaten,
über die wir die volle Kontrolle zurückbekommen sollen.
In dem Meta-ID Modell sind alle unsere persönlichen Daten zentralisiert in einer „Wallet", einer persönlichen
Brieftasche, von der aus wir entscheiden, was wir welcher Plattform geben und wie es verwendet werden darf,
sowohl in der virtuellen wie in der realen Welt. Das heißt,
wir behalten die volle Kontrolle über unsere persönlichen
Daten.

Die Technologie hinter einer solchen zentralen ID wäre die Blockchain-Technologie. Es ist noch ein langer Weg bis zu einer solchen Lösung. Sie wird denselben Herausforderungen gegenüberstehen wie die Entwicklung und Akzeptanz eines vollständigen Metaversums. Es zeigt jedoch, wie die verschiedenen Technologien miteinander verknüpft sind und damit unsere Zukunft noch viel stärker beeinflussen.

Blockchain-Technologie

Es ist noch gar nicht so lange her, da waren wir in einem sogenannten „Kryptowinter". Die Blockchain-Technologie oder der Bitcoin und andere digitale Währungen verschwanden aus der breiten öffentlichen Wahrnehmung.

Das bedeutete aber nur, dass der Hype vorbei war. Inzwischen verbreiten sich substantielle Anwendungen basierend auf der Technologie in vielen Bereichen. Die Blockchain-Technologie ist weithin als die Technologie hinter Bitcoin und anderen Kryptowährungen bekannt. Doch sie ist viel mehr als das! Kryptos sind sichtbarer, jeder glaubt zu verstehen, was man damit machen kann. Andere Möglichkeiten liegen oft noch unter der Wahrnehmbarkeitsschranke. Die Blockchain-Technologie ist ein dezentrales Datenbanksystem bzw. eine sogenannte „Open Ledger" Technologie, also eine Technologie für eine offene Buchführung oder Notariat, die jede Transaktion im Dateiverlauf für jedermann sichtbar dokumentiert, auf sichere Weise, und auf unbestimmte Zeit. Durch die sehr komplexe dezentrale Architektur gilt sie als besonders sicher.

Dezentralität bedeutet, dass jeder mit jedem interagiert, Waren und Vermögenswerte werden Peer-to-Peer, also direkt, ohne "Mittelsmann", also etwa Banken oder Zwischenhändlern übertragen, in einer sicheren und transparenten Weise. Das würde den Waren- und Dienstleistungsverkehr für alle viel einfacher und kostengünstiger machen. Wie gesagt, noch verstehen nicht viele das volle Potenzial dieser Technologie. Sie ist zu komplex, und sie zu verstehen oder anzuwenden erfordert ein hohes Maß an Einarbeitung.

Tatsächlich kann auch die Blockchain-Technologie sehr gefährlich werden. Die Transaktionsdaten werden zwar anonym gespeichert, aber zusammen mit anderen Datenquellen können sie schlimmstenfalls, wenn auch mit einigem Aufwand, vollständige Überwachungsprofile ermöglichen. Und natürlich macht sie alle unsere (Finanz-)Transaktionen nachverfolgbar für jeden, der Datenzugriff hat, etwa die Finanzbehörden. Das gehört zu den Ängsten derjenigen, die sich gegen nationale digitale Währungen, wie sie derzeit von der Europäischen Zentralbank, der US-amerikanischen Federal Reserve Bank (FED) und anderen Zentralbanken entwickelt werden, aussprechen.

Es geht aber bei Blockchain nicht nur um unser Geld. Schauen wir uns mögliche Anwendungen und deren Potentiale an. Sicherlich ist die Finanzwelt das offensichtlichste Feld, nicht nur durch den Bitcoin, der die erste Kryptowährung war und heute mit Abstand die bekannteste und wertvollste ist. Da sie aber sehr volatil ist, macht es bislang keinen Sinn, damit einzukaufen. Es ist ein Vermögenswert ähnlich wie Gold, das heute auch nicht mehr für tägliche Einkäufe verwendet wird. Der Vergleich mit Gold wird immer wieder von Krypto-Enthusiasten gemacht, die den Bitcoin schon als den neuen Goldstandart für eine neue, zukünftig wieder stabile

Weltleitwährung sehen. Was sie dabei aber ausblenden: Wenn ein Datenträger mit einer digitalen Wallet gelöscht oder zerstört wird, sind damit auch die dort gelagerten Bitcoins zerstört. Gold aber bleibt in der Regel, auch wenn es bei der Flucht irgendwo vergraben wurde. Man kann es noch tausende Jahre später zufällig wieder ausgraben. Beispiele dafür gibt es genug.

Wenn man sich allerdings die Perfomance des Bitcoins der letzten Jahre ansieht, kann der Eindruck entstehen, dass der Vergleich nicht ganz unberechtigt ist. Er hat inzwischen einen neuen Höchststand markiert mit über 72.000 USD. Vor dem Absturz Ende 2019, der den Kryptowinter einleitete, hatte er 65.000 USD erreicht. Grund für den aktuellen Aufstieg war die Genehmigung von Bitcoin-ETFs, die einen wahren Ansturm auf das digitale Asset auslösten. Durch die ETFs wird der Bitcoin an der normalen Börse handelbar. Er ist damit im Finanzmarkt als gleichwertiges Produkt angekommen. Der Effekt wurde noch weiter durch die Erwartung des nächsten „Halving" verstärkt. Das ist ein in den Bitcoin eingebauter Mechanismus, der alle vier Jahre den Aufwand, neue Bitcoins zu „schürfen", verdoppelt, das heißt, der Zuwachs an Bitcoins verlangsamt sich deutlich. In der Vergangenheit führte das immer zu starken Wertzuwächsen, was Krypto-Anhänger auf der ganzen Welt optimistisch auf den 20. April 2024 schauen ließ. Inzwischen wissen wir, dass die Wachstumserwartung dieses Mal so nicht eintrat. Die Reaktion auf die Bitcoin-ETFs hatte die Reaktion auf das Halving offenbar vorweggenommen. Der Kurs verharrte erst auf hohem Niveau, bevor es zu einem deutlichen Absturz kam: Kryptogläubige sahen eine neue Durststrecke, bevor es in ein bis zwei Jahren wieder aufwärts geht. Verschwörungsgläubige hingegen erwarteten, dass der Bitcoin vom Finanzestablishment ausgetrocknet wird, um durch eine eigene, zentrale Coin ersetzt zu werden. Doch schon wendete sich das Blatt wieder. US-Präsidentschaftskandidat Donald Trump kündigte an, wenn er die Wahl im November gewinnt, den Bitcoin zur US-Reservewährung zu machen. Die darauffolgende Rallye reichte nicht an den alten Höchststand heran und stürzte dann jäh, dem allgemeinen Börsentrend folgend, wieder ab. Ein Grund war wohl, dass noch völlig unklar ist, ob und wann Trumps Ankündigung überhaupt umgesetzt werden kann. Es bleibt also weiterhin spannend.

Die Bitcoin-ETFs sind nur ein Beispiel. Krypto-Produkte werden zunehmend Teil traditioneller Finanz-Portfolios. Als kürzlich die Inflation weltweit aufgrund der instabilen globalen Situation deutlich angestiegen ist, hat der Bitcoin zum ersten Mal das getan, was seine Anhänger immer erwartet haben: Es hat seinen Wert gesteigert. Wenn diese Entwicklung sich so fortsetzt, könnte die digitale Währung tatsächlich wie ein sicherer Hafen erscheinen, um Vermögenswerte vor Inflation zu schützen – zumindest solange sich digitale Wallets sicher zeigen gegen Hackerangriffe oder bei großflächigen Stromausfällen. Das sind leider in instabilen Zeiten sogenannter hybrider Kriegsführung ernstzunehmende Risiken.

Natürlich haben Zentralbanken ein großes Problem mit dem Bitcoin. Sie können ihn nicht kontrollieren. Das ist nur ein Grund, eigene Kryptowährungen einzuführen, von denen die ersten schon bald an den Start gehen sollen. Digitales Geld vereinfacht einerseits Transaktionen innerhalb eines nationalen Währungssystems und fördert damit die Wirtschaft. Andererseits macht es den Nutzer dieser Währung transparent. Das hilft im Kampf gegen Geldwäsche, macht aber auch jeden anderen potentiell kontrollierbar. Eine Abschaffung des Bargeldes, was viele Kritiker befürchten, dürfte hingegen zumindest nicht unmittelbar auf der Tagesordnung stehen. Vielmehr wird die Kryptowährung fürs erste an die traditionelle nationale Währung gebunden sein. Bargeldlose Transaktionen sind heute Standard, aber zukünftig geht das direkt, ohne zwischengeschaltete Dienstleister, wie etwa Kreditkarten oder ähnliches.

Deshalb führen viele Unternehmen eigene „Cryptos" für ihre Transaktionen ein, die fest an nationale Währungen gekoppelt sind. Sogenannte „Stable Coins", also stabile Münzen, sind nichts Neues. In Zukunft werden sie unerlässlich sein, um Dinge im Metaversum zu kaufen, zum Beispiel innerhalb von Games, um Hilfsmittel für die Bewältigung von Aufgaben zu kaufen. Aber das wird sich auch in der realen Welt ausbreiten, zumindest wenn man den Blockchain-Enthusiasten glaubt. Sie repräsentieren den Wert eines gesetzlichen Zahlungsmittels, sind aber unabhängig davon, ähnlich den alten Essensmarken, mit denen man früher in den Kantinen bezahlen konnte, und ermöglichen direkte Zahlungen, ohne eine Bank oder einen Dienstleister zwischenzuschalten. Das Schlagwort dazu lautet "Dezentrale Finanzen" oder kurz "DeFi".

Das Konzept der Dezentralisierung ist, wie bereits gesagt, ein Schlüsselfaktor für den Einsatz dieser Technologie. Es reicht weit über die Finanzbranche hinaus, da es viel mehr gibt, was mit einer Blockchain gemacht werden kann. Sie kann verwendet werden, um Waren innerhalb der Logistikkette zu verfolgen, so dass sie jederzeit und überall auffindbar sind. Sie können es verwenden, um Produktpiraterie zu bekämpfen. Sie können den Besitz von Kunstwerken bis hin zu Immobilien nachweisen und den Compliance-Prozess beim Kauf und Verkauf von Unternehmen beschleunigen. Es kann auch helfen, Bilder und Videos auf Echtheit zu überprüfen oder um Fake News zu bekämpfen. Um „Nonfungible Token, NFT, auf Deutsch etwa „Nicht Austauschbare Wertmarken", gab es einen riesigen Hype bis zum Absturz im Kryptowinter.

Jetzt werden sie auf sinnvolle Weise verwendet - nachdem einige Leute sehr viel Geld verloren haben. NFTs machen digitale Assets handelbar. Theoretisch ermöglichen sie etwa, bei digitalen Filmen, die bislang jeder ohne großen Aufwand kopieren konnte, den Besitz zu dokumentieren, um sie auf einem digitalen Flohmarkt weiterzuverkaufen, genauso, wie Sie es mit Ihren Heimvideos in der analogen Welt getan haben.

Eine weitere, auf der Blockchain basierende Technologie, die hier erwähnt werden muss, ist der DAO. Eine „Dezentralisierte Autonome Organisation" organisiert Gemeinschaften, organisiert Wahlen und Abstimmungen oder kontrolliert die Finanzen in Organisationen automatisiert und ohne hierarchische Strukturen. In der Theorie können selbst große Unternehmen, sogar Staaten ohne jegliche Führungsfunktionen, wie wir sie heute kennen, organisiert werden. Es gibt noch keinen Beweis, dass das in solch großem Umfang funktioniert, und ich bezweifle sehr, dass das so jemals Realität werden wird. Sie erinnern sich vielleicht an die Modelle, die diskutiert wurden, als das Internet herauskam. Es waren mehr oder weniger die gleichen Ideen, die damals diskutiert wurden. Die Idee, heute einen Staat von einer Künstlichen Intelligenz führen zu lassen, finde wohl nicht nur ich unheimlich. Allerdings wird es sich voraussichtlich in kleineren Strukturen durchsetzen und unser Leben in vielerlei Hinsicht verändern, angefangen bei der Unternehmensverwaltung. Wie weit das am Ende geht, wird die Zukunft weisen.

Das sind nur einige Beispiele, um einen Eindruck davon zu vermitteln, was in naher Zukunft möglich sein wird. Selbst wenn wir nur die Oberfläche betrachten, wird offensichtlich, wie wirkungsvoll diese Technologie ist. Die Blockchain hat das Potenzial, das unsichtbare Rückgrat jeder Transaktion zu werden, die wir in Zukunft durchführen. Sie wird uns begleiten, egal ob im Metaversum oder in der realen Welt. Wenn wir sie richtig einsetzen, wird sie uns vieles leichter machen. Dass sie auch wirklich so eingesetzt wird, das ist die große Herausforderung.

Künstliche Intelligenz

Künstliche Intelligenz, KI, ist derzeit der am meisten gehypte technologische Trend mit dem Potenzial, unser Leben dramatisch zu verändern. KI ist beileibe nichts neues. Erste Ansätze sind schon über 70 Jahre alt, dazwischen gab es immer wieder längere Phasen des Stillstands. Jetzt scheinen wir jedoch einen Punkt erreicht zu haben, wo sie sich etabliert und kontinuierlich, das heißt, auch sehr schnell, weiterentwickelt. Vieles werden wir gar nicht mitbekommen, da es unter der Oberfläche passiert. Aber es wird die Art und Weise, wie wir leben und arbeiten, dramatisch verändern.

Für mich war es keine Überraschung, als OpenAI mit ChatGPT herauskam. Das war früher oder später zu erwarten gewesen. Ich war aber von der Reaktion der breiteren Öffentlichkeit überrascht. Für die meisten Menschen war es ein Schock, zu sehen, wozu KI fähig ist. Niemand schien zuvor realisiert zu haben, wie präsent KI bereits in unserem Alltag war. Als erste Reaktionen gab es wieder einmal die Warnungen vor den Gefahren. Diese Stimmen wurden sofort überall laut. Das so oft in der

Science-Fiction-Literatur beschriebene Armageddon stünde kurz bevor. Das war unisono zu hören.

KI ist auch eng mit dem Fortschritt der Robotik verbunden, der jeglichen KI-Einfluss dramatisch erhöhen wird. Die atemberaubenden Fortschritte der Laufmaschinen des Alphabet-Tochterunternehmens Boston Dynamics, die wir auf YouTube finden, sind das Ergebnis von Feinmechanik im Zusammenspiel mit KI. Der Androide, der uns viele Aufgaben im Haushalt abnimmt, kommt plötzlich in greifbare Nähe. Das macht die ganze Entwicklung für viele noch unheimlicher.

Die Ängste wurden noch weiter durch Gerüchte angeheizt, dass OpenAI mit seinem neuen Projekt Q*STAR einen großen Schritt in Richtung einer "Superintelligenz" gemacht habe. Eine Superintelligenz ist eine KI, die weit fortgeschrittener ist als der menschliche Verstand und die uns am Ende versklaven könnte. Bislang ist die vorgestellte, weiterentwickelte KI aber offenbar nur in der Lage, mathematische Probleme zu lösen, auf die das System zuvor nicht trainiert wurde. Das wäre zwar ein Schritt hin zu einer Superintelligenz, denn das war zuvor nicht möglich, es ist aber noch sehr weit entfernt von dem, was der Begriff beinhaltet. Es ist immer noch eine Simulation von Intelligenz, die vor allem bereits Bekanntes verarbeitet. Kreativität oder ein Bewusstsein sind damit – vorerst – noch nicht enthalten. Es ist ein weiterer Schritt in eine Richtung, die uns früher oder später konfrontieren könnte. Man beachte das Konjunktiv. Mit jedem Schritt wird das Ziel aber erreichbarer. Der Zeitpunkt ist momentan noch nicht absehbar, genauso wenig wie die tatsächlichen Gefahren.

Es gibt sie – wie bei allen neuen Technologien. Zumindest in der Vergangenheit haben sich apokalyptische Ängste vor neuen Technologien nie bewahrheitet. Auf der anderen Seite gibt es schon jetzt viele Anwendungsfälle, bei denen KI die Situation dramatisch verbessert. Um nur ein Beispiel zu nennen: KI kann Hautkrebs zehnmal genauer erkennen als ein menschlicher Experte. Es gibt viele weitere Beispiele dafür. Oft wird es aber auch zu weniger Beschäftigten in den traditionellen Branchen führen. Selbstfahrende Züge, und irgendwann auch Busse und Autos, werden das Reisen viel sicherer machen.

Fahrer, wie wir sie kennen, werden dann nicht mehr benötigt. Selbst die Technologie für den autonomen Individualverkehr an sich könnte schnell bereit sein, die Umsetzung aber wird durch rechtliche/ethische Fragen verzögert.

Insgesamt halte ich die Gefahren eines Kontrollverlusts durch KI noch für übertrieben, denn KI hat keine eigene Intelligenz. Sie bleibt auf absehbare Zeit "künstlich". Alles basiert auf Algorithmen, die nacheinander Prozesse abarbeiten. Das produziert massive Datenmengen und benötigt enorm viel Speicherplatz. Hier ist ein Beispiel, um die Entwicklung der Datenmenge allein in den letzten zehn Jahren zu veranschaulichen: Im Jahr 2013 entwickelte Google DeepMind das Deep-Learning-Modell Atari DQN für Spiele, mit einer Rechenleistung von 2 PetaFLOPS (das sind zwei Milliarden Berechnungsschritte pro Sekunde). Die heutigen Modelle haben eine Rechenleistung von 10 ExaFLOPS, was bedeutet, dass sich die Leistung in 10 Jahren um den Faktor 5 Milliarden erhöht hat. Ich danke dem Screenforce Expertenforum und Christian Bachem von „Markendienst" in

Berlin für dieses anschauliche Beispiel. Die Menge an verarbeiteten Daten und der Energieverbrauch haben entsprechend zugenommen. Im Vergleich zu unseren Gehirnen ist das sehr ineffizient, auch wenn man bedenkt, dass eine KI bei den Aufgaben, für die sie konzipiert ist, also etwa das Aufspüren von Hautkrebs, deutlich besser ist als der Mensch. Wenn wir entscheiden, die KI für die Überwachung zu nutzen, wird sie uns sehr effizient überwachen. Wenn wir entscheiden, sie als Unterstützung in unserem Alltag und in der Herstellung zu nutzen, wird sie auch dort überaus effizient sein. Diese technische Struktur der KI ist der Grund, warum ich glaube, dass die "Superintelligenz" nicht allzu bald kommen wird.

Sie bräuchte eine ganz andere Systemarchitektur, nicht linear in ihren Prozessen und weniger energie- und datenintensiv. Neue technische Durchbrüche werden normalerweise dann erreicht, wenn der alte Ansatz vollständig entwickelt ist und keinen Fortschritt mehr bringt, was bei KI noch lange nicht der Fall ist. Auch bei den Quantencomputern hat die aktuelle Herangehensweise noch lange nicht ihre Grenzen erreicht. Von daher gibt es derzeit keinen Grund, neue Wege zu erforschen. Natürlich ist das nicht sicher. Eine quantengedopte KI könnte den neuen Ansatz rein zufällig finden. Wir betreten in diesem Fall wirkliches Neuland und sollten auf Überraschungen vorbereitet sein.

Ganz sicher wird KI viele Herausforderungen bringen. Generative KI, die, als ich diese Sätze schrieb, erst seit gut einem Jahr existierte, verursachte bereits eine massive Disruptionswelle in mehr oder weniger allen Branchen. Dementsprechend hoch sind im Alltag Ängste und Unsicherheiten. Ich erinnere mich noch an die Zeit im Jahr davor, als wir über KI diskutierten und alle sicher waren, dass die sogenannte Kreativwirtschaft nichts zu befürchten habe: KI ist nicht kreativ! Heute ist es gerade die Kreativwirtschaft, die zuerst und besonders stark betroffen ist. Es gibt freiberufliche Fotografen, die früher voll ausgelastet waren, aber in diesem Jahr noch keinen Auftrag hatten. Verlagshäuser haben bereits damit begonnen, ihre Layoutabteilungen massiv zu verkleinern; KI kann es schneller und besser. Dabei ist die ursprüngliche Annahme immer noch korrekt: KI ist nicht kreativ. Aber es gibt einen Wandel weg vom traditionellen Handwerk, hin zum sogenannten „Prompting", das heißt, zum Formulieren von Befehlen für die KI. Manche fürchten, wir degenerierten zum bloßen Stichwortgeber. Das stimmt so zwar nicht, Kreativität verlagert sich aber. Dabei entstehen auch völlig neue Arbeitsfelder – in der Regel aber nicht für die Menschen, die bisher handwerklich in diesem Kreativbereich arbeiten. Wir alle wissen, dass Generative KI dazu neigt, zu halluzinieren. Natürlich befindet sich alles noch in der Anfangsphase und Fehler werden sehr schnell reduziert werden. Was auch immer KI generiert, muss jedoch überprüft werden. Je weniger Fehler es gibt, desto aufwendiger ist es, die verbliebenen Fehler zu finden. Es wird noch eine ganze Weile dauern, bis Fehler gegen null gehen und vor allem Vertrauen aufgebaut ist. Hierbei spielen eine Reihe rechtlicher Fragen eine Rolle. Ich kenne nicht wenige, denen im Moment der Aufwand noch zu groß ist und die daher bei der traditionellen Arbeitsweise bleiben. Aber das werden immer weniger, je besser die KI wird.

Ich denke nicht, dass es viel Sinn macht, weitere Beispiele für KI-Anwendungsfälle oder Risiken aus anderen Branchen anzuführen. Jeder sollte inzwischen genug Beispiele aus seinem eigenen Umfeld kennen. Es wird viele neue Arbeitsplätze geben, viele mit einem Zuschnitt, den wir uns heute noch gar nicht vorstellen können. Erinnern Sie sich noch an die Ängste, als Personal Computer zum ersten Mal auf den Markt kamen? Es herrschte die große Angst, dass viele Arbeitsplätze verloren gehen würden. Am Ende wurden mehr Arbeitsplätze geschaffen als verloren gingen. Als das Internet und soziale Medien aufkamen, wurde uns gesagt, dass wir jetzt unser Marketing ganz alleine machen können. Stimmt in der Theorie, aber der Aufwand ist hoch. Tatsächlich sind alle Elemente für sich genommen leicht zusammenzusetzen – aber die gesamte Aufgabe ist viel zu komplex und zu zeitaufwändig, um sie neben unseren regulären Aufgaben zu erlernen und konsequent umzusetzen. Ergo gibt es wieder spezialisierte Unternehmen, die das für uns tun. Dort entstehen die neuen Arbeitsplätze.

Das wird auch bei KI so sein. Aber es wird Zeit brauchen. Bis dahin wird es viel Unruhe geben. Die Disruption hat gerade erst begonnen. "Im kommenden Jahrzehnt werden sich unsere Arbeitsumgebungen schneller verändern als in den letzten 100 Jahren", prophezeite Christopher Peterka, ein in Köln beheimateter Futurist in einem Facebook-Beitrag. Er könnte die Auswirkungen durchaus unterschätzen.

Die Technologie wird unsichtbar werden, im Hintergrund arbeiten, sobald sie zum Standard wird. Wir werden gar nicht mehr bemerken, dass eine KI im Hintergrund arbeitet. Das sehen wir schon heute. Wir verwenden bereits den Google- oder Microsoft-Translator, ohne uns bewusst zu sein, dass diese auf KI basieren. Es ist einfach ein nützliches Werkzeug geworden.

Ein Problem muss jedoch hier angesprochen werden: "Deep Fakes"! Bilder von jeder Person in jeder Situation können von KI generiert werden. Gleiches gilt für Video oder die Originalstimme. Unterstützt Papst Franziskus wirklich Donald Trump in dessen Ambitionen, Präsident der USA zu werden? Was sich in den US-

Präsidentschaftswahlen 2020 schnell als "Fake News" entlarven ließ, würde diesmal viel realistischer wirken. Das schafft ein ernsthaftes Problem. Ein sensitiver Umgang mit Nachrichten ist sicher wesentlich, aber Technik, die dieses Problem erst geschaffen hat, kann auch zur Lösung, oder wenigstens zur Schadensbegrenzung beitragen. Zum Beispiel könnte ein Blockchain basiertes „Wasserzeichen" automatisch bei der Aufnahme in der Kamera oder dem Smartphone auf jedes Originalbild gestempelt werden. Damit ließe sich jede Bildmanipulation für jeden sichtbar machen. Natürlich muss ein solches Tool international vereinbart und von jedem Hersteller implementiert werden. Das ist nicht einfach zu erreichen. Es wäre aber ein kleiner Schritt hin zu mehr Transparenz und Online-Sicherheit.

Wenn wir auf die Risiken schauen, dürfen wir KI-gesteuerte digitale „Workflows", also automatisierte Arbeitsabläufe, nicht ausblenden. Ich betrachte sie mittlerweile als eine echte Gefahr für unsere Gesellschaft. Sie mögen denken, dass ich übertreibe, da digitale Arbeitsabläufe unsere Arbeit doch so viel einfacher machen. Stimmt! Aber auch hier: Kein Licht ohne Schatten.

Wir haben alle beim Online-Einkauf oder bei einer anderen Transaktion im Netz die Erfahrung gemacht, dass unser Vorgang einfach stecken bleibt. Der Grund dafür ist häufig, dass unser Fall eine Ausnahme ist, der im Workflow nicht vorgesehen ist. Früher haben Sie die Hotline angerufen, und ein geschulter menschlicher Mitarbeiter hat Ihnen umgehend und effektiv geholfen. Heute werden Sie höchstwahrscheinlich mit einem Chatbot kommunizieren, und der ist höchstwahrscheinlich genau auf diesen konkreten Arbeitsablauf trainiert, an dem wir hängen geblieben sind. Der Bot versucht, den Fehler zu erkennen, den wir gemacht haben. und wird daher keine Lösung finden. Mit etwas Pech fliegen wir raus – mit etwas Glück werden wir zu einem menschlichen Mitarbeiter weitergeleitet, der heutzutage in den allermeisten Fällen aber nicht wirklich geschult ist. Auch er wird versuchen, unseren „Bedienfehler" zu erkennen. Also durchlaufen wir wieder dieselbe fruchtlose Prozedur. Wenn wir dann immer noch nicht aufgeben – oder wieder aus der Warteschleife geworfen werden, erreichen wir vielleicht endlich einen geschulten Fachmann, der das Problem sofort versteht und innerhalb von Minuten löst. Aber um dorthin zu gelangen – wenn wir nicht längst aufgegeben haben - wurde sehr viel unserer Zeit verschwendet.

Das Problem ist, dass diese digitalen Workflows viele, aber nicht alle Optionen abdecken. Natürlich könnte er flexibler und reaktionsfähiger programmiert werden. Das würde aber eine viel komplexere Software erfordern und enorme zusätzliche Datenströme und Kosten verursachen. Es wäre für den Dienstleister nicht so einfach handhabbar. Er hat also gar kein Interesse, seinen Workflow zu ändern; er möchte vielmehr, dass wir alle unsere Gewohnheiten an ihn anpassen. Als Ergebnis verlieren wir an Individualität. Wir handeln weniger komplex und am Ende alle gleich.

Ich hoffe, Sie verstehen das potenzielle Problem, das ein gesamtgesellschaftliches ist. Es ist global, auch in "gleichförmigeren" Gesellschaften, in denen das Individuum viel mehr als Teil der Gruppe zum gegenseitigen

Nutzen zu handeln gewohnt ist. Ich rede von Ländern wie China oder Japan. Als an Neujahr 2024 in Tokio auf dem Flughafen eine japanische Passagiermaschine in Flammen aufging, entkamen wie durch ein Wunder alle Personen an Bord den Flammen. Das konnte geschehen, weil jeder, wie in einem Uhrwerk, genau das tat, was ihm gesagt wurde, ohne es in Frage zu stellen. In Europa oder den USA wäre es wahrscheinlich nicht so glimpflich abgelaufen. Diese Art von Verhalten macht es auch viel einfacher, in digitalen Arbeitsabläufen zu funktionieren – aber eben nur bis zu einem gewissen Grad.

Das wird auch mit fortschreitenden Technologien ein Problem bleiben. Es wird sicherlich Arbeitsabläufe flexibler machen, wenn die Bots darauf trainiert sind, aber es kann auch verwendet werden, um uns alle "gleichförmiger" zu machen. Um dieses Problem zu vermeiden, müssen wir eine aktive Haltung gegen eine Vereinnahmung durch Workflows einnehmen und unsere Individualität gegenüber dem Diktat durch Chatbots verteidigen. So zwingen wir den Staat und Unternehmen, ihre

Workflows flexibler zu programmieren und unsere Vielfalt und Individualität zu respektieren.

Quantencomputer

Die Dynamik in der Entwicklung neuer Technologien wird nicht nachlassen. Im Gegenteil. Einer der Hauptgründe dafür ist der Quantencomputer, der mittlerweile längst Realität geworden ist. Es gibt erst sehr wenige dieser Großrechner, aber sie haben den experimentellen Zustand verlassen.

Sehr bald werden die Auswirkungen für alle sichtbar, auch wenn die meisten von uns noch sehr lange zumindest keinen direkten Zugang haben werden. Vorläufig werden sie nur an großen wissenschaftlichen Einrichtungen von Universitäten oder bei großen Technologieunternehmen, aber auch dem Militär im Einsatz sein. Die Basis wird sich erst allmählich ausweiten. Es wird ähnlich sein wie bei der Einführung des Personal Computers.

In den Anfangstagen waren Computer für wenige zugänglich. Später gab es externe Dienstleister, die Computerdienste auch kleineren Unternehmen anboten.

Heute sehen wir tatsächlich wieder die gleichen Argumente, wie wir sie damals gehört haben, wo man dies für einen dauerhaften Zustand gehalten hatte: "Niemand braucht seinen eigenen Rechner, die sind nur für bestimmte Premium-Aufgaben nötig, die man einem externen Dienstleister überträgt." Es hat damals so wenig gestimmt wie heute. Einige von uns erinnern sich noch: Computer, die kaum in große Säle passten, standen plötzlich in kleinen Räumen, später verwandelten sie sich auf magische Weise in Desktops, dann in Laptops, und passen jetzt in die Gehäuse unserer Smartphones. Sie sind viel leistungsstärker als die frühen Dinosaurier in den großen Sälen.

Ich erinnere mich: als ich meinen ersten Desktop mit einer Festplatte von 20 MB kaufte, sagte mir der Verkäufer: "Sie werden niemals den vollen Speicher ausnutzen können." Er war tatsächlich davon überzeugt. Aber immer, wenn mehr Kapazität geschaffen wird, werden wir Verwendung dafür finden. Es kann eine Weile dauern, aber irgendwann - auf einer höheren Ebene - wird es den selben Mangel geben wie zuvor. Auch das treibt den Fortschritt.

Unabhängig davon, ob jeder seinen eigenen Quantenrechner brauchen wird oder nicht, werden wir ihn zu einem späteren Zeitpunkt irgendwann einmal haben, vielleicht sogar in einer Nachfolgetechnologie unserer Smartphones. Bis dahin es gibt „Zwischenlösungen", die auch ohne direkten Zugang Zugriff auf die Rechenleistung ermöglichen. Über Cloud-Computing werden wir selbst mit unseren Mobilgeräten auf die Leistung von Quantenrechnern zugreifen können. Oft werden wir nicht einmal bewusst wahrnehmen, dass Quantenkraft involviert ist.

Das Konzept hinter den Quantencomputern geht bereits auf die frühen 1980er Jahre zurück, als erstmals vorgeschlagen wurde, quantenmechanische Modelle in Computern zu verwenden. Anstelle von Bits, die von herkömmlichen Computern verwendet werden, verwendet ein Quantencomputer "Quantenbits", sogenannte "Qubits". Das bedeutet, dass ein Computer eine enorm große Menge an Informationen speichern kann und weniger Energie als ein herkömmlicher Computer verbraucht. Prozessoren sind signifikant schneller - bis zu 1 Million Mal -, erklärt das US-amerikanische Wirtschaftsmagazin Forbes in einem "supereinfachen Versuch, Quantencomputer für jeden verständlich zu machen". Diese Rechner sind jedoch überaus komplex, weshalb die Entwicklung sehr lange dauerte.

Wir müssen uns aber auch auf unvermeidbare negative Auswirkungen vorbereiten. Auf der positiven Seite können neue Technologien auch z.B. Medikamente viel schneller entwickeln und die Zeit bis zu ihrer Einführung verkürzen, weil Tests simuliert und in einem sehr schnellen Zeitraum durchführt werden können. Dabei kommt es zu besseren Ergebnissen als in der analogen Welt nach viel längeren Versuchszeiträumen.

Der beschleunigte Fortschritt wird sich nicht nur der deutlich höheren Rechenleistung verdanken, sondern ebenso der Fähigkeit von KI, selbst zu lernen und damit die eigenen Funktionen zu verbessern. Die Frage ist: Können wir mit dieser Geschwindigkeit mithalten und verstehen wir noch, was in diesen Systemen passiert?

Wenn nicht, manövrieren wir uns in die Abhängigkeit von seelenlosen Maschinen.

Ein weiteres Risiko ist der Sicherheitsaspekt. Passwörter, die wir heute online verwenden, sollten mindestens 12 Zeichen lang sein, Großbuchstaben, Zahlen und Sonderzeichen enthalten, um als sicher zu gelten. Jede Entschlüsselungssoftware auf traditionellen Computern braucht über 40 Jahre, um ein solches Passwort zu knacken. Ein Quantencomputer kann dies in Sekunden tun. Je mehr Menschen Zugang zu diesen Rechnern erhalten, desto mehr wird das zu einem Problem, da immer weniger kontrolliert werden kann, was an den Rechnern gemacht wird. Das öffnet dem Missbrauch Tür und Tor.

Das bislang schon unter permanenter Attacke stehende „Digital Immune System (DIS), ein äußerst fein abgestimmtes System unterschiedlicher Technologien, etwa von Analyse-Tools in Kombination mit Sicherheitssoftware, wird zunehmend herausgefordert. Es gibt bereits spezialisierte Unternehmen, die sich mit diesem Problem befassen, wie die in San José, Kalifornien, und

Canberra, Australien, ansässigen Quintessence Labs, die mit ehemaligen US-Armee-Kryptographen zusammenarbeiten. Das ist ein Wettbewerb, bei dem offen ist, wer am Ende gewinnt. Werden Sicherheitsmaßnahmen schnell genug umgesetzt und decken sie alle Eventualitäten ab? Ich bezweifle, dass es so sein wird. Die Situation unterscheidet sich in nichts von früheren Einführungen neuer Technologien. Allerdings ist das potenzielle Ausmaß der Auswirkungen viel größer, weil die Technologie ein so hohes Potenzial hat.

Es ist nicht ganz frei von Ironie, dass Quantencomputer ursprünglich auf die Idee zurückgehen, Energie einzusparen: Wenn nur ein Bruchteil der Rechenleistung verwendet wird, minimalisiert sich der Energieverbrauch. "Basierend auf dem heutigen Energiebedarf würden uns bei linearem Anstieg bis 2040 die Energiereserven ausgehen", prognostizierte Forbes in seinem bereits zitierten Erklärstück zum Thema. Es ist zu befürchten, dass das so nicht aufgehen wird.

Es kann einige Jahre oder sogar Jahrzehnte dauern, aber irgendwann werden auch die Quantenrechner mit ihrem vollen Potenzial betrieben, was den Energiebedarf zwangsläufig wieder nach oben treibt. Angesichts der Dynamik im technologischen Fortschritt könnte das schneller geschehen, als wir es uns heute vorstellen können.

Herausforderungen

Die ganze Situation führt zu einigen brennenden Fragen, die wir dringend lösen müssen, um nicht etwa einen globalen Blackout zu riskieren, von denen ich hier die augenfälligsten beleuchte.

ENERGIE ist eine der ganz großen Herausforderungen, nicht nur weil der "Quanteneffekt" diesbezüglich an ihn gestellte Erwartungen nur sehr bedingt erfüllen wird. Stellen wir uns ein Ereignis vor, das die globale Energieversorgung von einem Tag auf den anderen vollständig unterbricht - das ist zwar nicht sehr wahrscheinlich, aber es gibt Szenarien, die nicht völlig auszuschließen sind, etwa in Folge eines Atomkrieges. Alles wäre lahmgelegt, wir kämen nicht mehr an unser (digitales) Geld, könnten nichts mehr kaufen, keine Verträge mehr abschließen oder Besitz nachweisen, da alle Unterlagen digital hinterlegt sind, Wir kämen an keine Informationen mehr und der gesamte Verkehr würde zusammenbrechen. Ein Ausweg wäre schwer zu finden, denn wir hätten bis dahin vergessen, wie wir uns in der analogen Welt zurechtfinden können. Das wäre Armageddon.

Wie gesagt, das ist nicht sehr wahrscheinlich, aber auch regional begrenzte Stromausfälle über einen längeren Zeitraum wären katastrophal. Und das ist nicht so unwahrscheinlich, wie man denkt. Getrieben von E-Mobilität und elektrischen Heizsystemen sagen Umfragen für die nächsten zwei Jahrzehnte allein für Deutschland einen Anstieg des Stromverbrauchs bis auf das 22-fache im Vergleich zu heute voraus. Aktuell wird der Energieverbrauch durch die noch junge generative KI nach oben katapultiert.

Auch die Blockchain-Technologie wird als großer Energieverbrauchsbooster angesehen, insbesondere das Mining von Bitcoins ist Kritikern dabei ein Dorn im Auge. Laut Daten vom September 2022 betrug der jährliche Verbrauch durch Bitcoin-Mining und -Transaktionen bis zu 130 Terawattstunden, das entspricht ungefähr dem

Bedarf eines Landes von der Größe der Ukraine. Das ist der Energieverbrauch nur der Bitcoins, und der Verbrauch wird von Jahr zu Jahr größer. Ethereum, eine andere Blockchain basierte Plattform, die inzwischen für die meisten Blockchain-Anwendungen verwendet wird, hat ihren Verifizierungsprozess, den energieintensivsten Schritt bei Blockchain-Transaktionen, geändert und dadurch den Energieverbrauch deutlich reduziert, ohne die Sicherheit zu beeinträchtigen. Zumindest wird das behauptet.

Ein weiterer Energiefresser sind die bereits genannten Rechenzentren. Sie haben einen rasant wachsenden Anteil am weltweiten Energiebedarf, da heute die meisten Anwendungen in der "Cloud" laufen und Daten von jedermann dort gespeichert werden. Wo also liegen die Potenziale, unsere Energieversorgung zukunftssicher zu gestalten? Erneuerbare Energien sind heute "en vogue"; die Sonne birgt noch immer ein großes Potenzial, während auch der Wind gehypt wird - mit dem Risiko, dass wir irgendwann an Grenzen stoßen werden und die

Nachteile erkennen müssen. Im Moment agiert die Politik hier eher hilflos.

Deutschland etwa hat ein Gesetz erlassen, das es erlaubt, die Stromversorgung für das Laden von Elektroautos und für Heizsysteme zu begrenzen. Im Fall eines Energiemangels kann eine Batteriefüllung für Autos an öffentlichen Ladestationen beispielsweise auf 50 km Reichweite beschränkt werden und das darf dann zudem zwei Stunden dauern. Ich bezweifle, ob das der richtige Ansatz ist, dieses Problem zu adressieren. Unabhängig davon, ob diese Maßnahmen jemals ergriffen werden müssen, untergräbt die bloße Möglichkeit der Beschränkung das Vertrauen in die Regierung, die diese Technologien durchsetzen will. Wir müssen einerseits die Energieversorgung als solche verbessern und anderseits energieeffiziente Technologien entwickeln. Dadurch werden solche Ausfälle unwahrscheinlicher. Es braucht trotzdem eine Katastrophenplanung, die aber anders kommuniziert werden muss.

Für den Ausbau der Energieversorgung gilt die Atomenergie weltweit zunehmend wieder als Lösung.

Neu entwickelte Anlagen gelten also nicht mehr als zu riskant. Allerdings besteht immer noch das ungelöste Problem des Atommülls, der über Jahrtausende sicher gelagert werden muss. Auch hier zeichnet sich am Horizont eine Möglichkeit ab, das Problem in den Griff zu bekommen. Durch sogenannte "Transmutation" könnte theoretisch die radioaktive Strahlung des Abfalls neutralisiert werden. Es gibt jedoch bis jetzt noch keinen „Proof of Concept", niemand weiß, ob es wirklich jemals funktionieren wird. Selbst wenn sich das Konzept als reale Möglichkeit herausstellen sollte, kann noch niemand vorhersagen, wie lange es dauern wird, die Technologie tatsächlich zur Marktreife zu entwickeln.

Andere Technologien zur Lösung der Energiefrage sind schon weiter, benötigen jedoch ebenfalls noch Zeit, bevor sie implementiert werden können. Das Schweizer Unternehmen „Immersion4" wurde unter anderem von Solar Impulse unter die 1.000 Unternehmen gewählt, die die Welt retten können. Das Unternehmen bringt derzeit eine völlig neue Kühltechnologie für Rechenzentren auf den Markt. Um Server zu kühlen, benötigt man derzeit die gleiche Energiemenge wie für deren Betrieb. Das bedeutet, dass bis zu 50 Prozent des Energieverbrauchs eines Rechenzentrums für die Kühlung verwendet wird. Die Technologie von Immersion4 wurde auf vier Säulen entwickelt: Kein Wasserverbrauch, keine CO2- oder andere Treibhausgasemissionen, Einhaltung ethischer Standards. Kern der Technologie ist ein Verfahren, das die Server in Flüssigkeit einbettet, die die Abwärme absorbiert. Das Problem bei der Implementierung dieser Technologie ist, Serverfarmen und ihre Kunden davon zu überzeugen, ihren Gerätepark in eine Flüssigkeit zu tauchen. Die Angst vor Beschädigung sitzt tief. Allerdings wird die Technologie derzeit von mehreren großen Telekommunikationsanbietern wie der British Telecom, BT, getestet, und erste Länder in Afrika und China haben bereits Verträge unterzeichnet. Wenn dieser Ansatz erfolgreich ist, werden Serverfarmen in Zukunft wesentlich umweltbewusster und vor allem energieeffizienter betrieben.

In den letzten Jahren hat die Kernfusionstechnologie signifikante Fortschritte gemacht. Sowohl in den USA wie auch in China wurde in Versuchen erstmals mehr Energie erzeugt als hineingesteckt. In etwa 10 Jahren könnte diese Energie verfügbar sein, so die Einschätzung der Forscher. Die neuen Reaktortypen werden „unbegrenzt" saubere Energie liefern können. Es wird auch nur begrenzt nuklearen Abfall geben, lange nicht so viel wie bei herkömmlicher Kernkraft, mit einer deutlich kürzeren Halbwertzeit, so dass die Strahlung innerhalb weniger Jahrzehnte abgebaut sein wird.

Es handelt sich aber nach wie vor um eine sehr komplexe Technologie. Ich persönlich würde nicht darauf wetten, dass sie wie angekündigt verfügbar sein wird. Weitere Verzögerungen sind wahrscheinlich, wie es immer wieder in der Entwicklungsgeschichte dieser Technologie der Fall war. Sie reicht bis ins Jahr 1943 zurück, und es kam immer wieder zu Rückschlägen und Verzögerungen. Selbst wenn tatsächlich die Energiequelle in 10 Jahren zur Verfügung stehen würde, ist es immer noch ein langer Weg der Planungen, Genehmigungen und der Konstruktion, bis sie tatsächlich in nennenswertem Umfang an den Stellen, wo sie gebraucht wird, eingesetzt werden kann. Es ist ein langer Weg. Kurzfristig jedenfalls dürfen wir uns keine allzu großen Hoffnungen machen, von dieser Seite bei einer potenziellen Energie-Mangellage entlastet zu werden.

CO2-FUSSABDRUCK und Nachhaltigkeit sind definitiv weitere Themen, die unsere unmittelbare Zukunft bestimmen. Die aktuelle globale Situation mit ihren Kriegen und Konflikten macht es nicht einfacher, Nachhaltigkeitsziele zu erreichen. Vor allem autokratische Regierungen behaupten, der Klimawandel sei nicht real, und behalten ihren Fokus auf traditionellem Wachstum auch durch „schmutzige" Technologien.

2023 war das Jahr mit den höchsten jemals gemessenen Kohlendioxidemissionen. Es sieht auch nicht danach aus, dass sich der CO2-Ausstoß weltweit bald reduzieren würde, im Gegenteil. Trotzdem scheint der aktuelle Alarmismus überzogen. In Situationen wie dieser sieht es häufig erst einmal so aus, als ob nichts passieren würde. Doch Wandel bereitet sich im Stillen vor. Plötzlich brechen diese vielen versteckten Initiativen hervor und zeigen dann sehr deutlich sichtbare Auswirkungen.

Scheinbar plötzlich verbessert sich dann alles sehr schnell. Das wird auch hier ähnlich sein. Die Frage wird sein, ob dieser Wendepunkt rechtzeitig kommt. Es gibt viele Initiativen und Unternehmen wie das bereits erwähnte Immersion4 oder MCi Carbon, auf das ich später zurückkomme, die Technologien entwickeln, die ab einem bestimmten Punkt sehr schnelle Wirkungen erzielen können. Deshalb bin ich noch sehr optimistisch, dass das Problem gelöst werden kann, bevor es zu spät ist.

Es müssen jedoch viele weitere Probleme berücksichtigt werden. Die bereits erwähnten Serverfarmen zum Beispiel benötigen riesige Gebäudekomplexe, die auf hohem technischen Standard sind. Bau und Gebäudeinstandhaltung sind traditionell wenig nachhaltig und emittieren große Mengen an Kohlendioxid. Andererseits lässt sich die Menge an CO_2-Emissionen über Online-Transaktionen erheblich kompensieren. Viele Geschäftsreisen im eigenen Land, aber auch international, verursachen viel CO_2, was durch Online-Meetings reduziert wird. Natürlich sind auch hier Energieverbrauch und

Klimagasemissionen hoch, aber im Vergleich zu aufwendigen Reisen sehr viel geringer.

Heute geht noch vielfach kein Weg an Geschäftsreisen vorbei, weil Online-Meetings noch nicht das gleiche Erlebnis wie physische Treffen bieten. Der Brainstorming-Effekt während des Abendessens nach den offiziellen Treffen und zufällige Begegnungen auf dem Gang einer Messehalle zwischen den Terminen bieten oft unerwartete neue Möglichkeiten oder Problemlösungen oder gar neue Projekte. Das ist bislang Online noch nicht möglich, auch nicht im Metaversum. Aber das wird irgendwann einmal so sein.

Die so genannte Due Diligence, also die Bewertung eines Unternehmens im Vorfeld etwa einer Fusion oder Übernahme, dauert lange und erfordert heute noch viele Ressourcen in der physischen Welt. Blockchain basierte Online-Transaktionen könnten nicht nur schnellere Ergebnisse bringen, sondern auch Reisetätigkeiten und dergleichen massiv verringern. Ob das unseren Planeten tatsächlich nachhaltiger machen würde, bleibt abzuwarten. Das wird sehr stark davon abhängen, wie sich etwa der Tourismussektor entwickelt, und ob weniger Geschäftsreisen möglicherweise durch private Reisen überkompensiert werden. Überraschend wäre das jedenfalls nicht.

REGULIERUNG ist Voraussetzung für einen fairen Wettbewerb für alle, aber sie kann auch das Gegenteil bewirken. Wir betrachten Regulierung oft als einen harten gesetzgeberischen, von staatlicher Seite getriebenen Vorgang, aber Regulation kann auch andere Formen haben. Denken wir etwa an Marktregulierung, Selbstregulierung und auch technologieinduzierte Regulierung. Die von der Legislative getriebene Gesetzgebung hat eindeutig den größten Einfluss. Daher werde ich mich hier auf diesen Aspekt konzentrieren. Der Staat sollte meines Erachtens eher als Ermöglicher agieren, statt zu versuchen, Risiken und Gefahren zu kontrollieren, bevor sie tatsächlich eintreten können. Häufig kontrolliert er aber letzteres, was die eigene nationale Position im internationalen Wettbewerb behindert.

Das chinesische Interesse besteht zum einen darin, seine Bürger mithilfe von KI zu überwachen, zum anderen subventioniert er aber auch wirtschaftliche Aktivitäten, nicht zuletzt, um den globalen Wettbewerb zu seinen Gunsten zu beeinflussen. Sicher ist diese Beschreibung nur eine sehr vereinfachte Darstellung, die Situation ist viel komplexer; allerdings ist das der Eindruck, wenn wir von außen auf diese uns fremd erscheinende Kultur schauen.

Die USA nehmen traditionell eine "abwarten und sehen, was passiert"-Haltung ein, was auf der Unternehmerseite viel Raum für Experimente lässt. Das hat wie alles Vor- und Nachteile. Es macht die USA einerseits zu einem führenden Land im Technologiesektor, andererseits können Skandale, wie die um die sogenannten Krypto-Börsen, wo Anleger um hohe Summen gebracht wurden, viel leichter passieren, als in Ländern mit restriktiverem Ansatz.

Das relativiert sich, wenn man folgenden Nachteil jeder Regulierung bedenkt: Sie hinkt immer hinterher, zumindest, wenn sie nicht von vornherein Entwicklungen verhindert. Sie reagiert auf Vorfälle, und es dauert eine Weile, bis die Prozesse umgesetzt werden. Bis die

Gesetzgebung fertig ist, haben sich die Marktbedingungen und die Gesellschaft oft schon wieder geändert und man müsste wieder von vorne anfangen. Das trifft auch zu, wenn man versucht, Entwicklungen vorwegzunehmen, die dann in der Regel anders verlaufen, als vorhergesehen.

Das ist einerseits nicht zu ändern, es hat aber auch mit dem Ansatz des traditionellen Gesetzgebungsprozesses zu tun und wie Gesetze formuliert und durchgesetzt werden. Das ist in Zeiten stabiler Verhältnisse und langsamer Veränderungen verwurzelt, wo es Jahrzehnte dauerte, bevor sich Situationen grundlegend änderten, und dann auch nur in kleinen Schritten. Das Entwicklungstempo und damit verbundene Veränderungen haben sich dramatisch beschleunigt, aber das der Gesetzgebung und der Rechtsprechung verharrt in alten Routinen.

Um ein Beispiel zu geben: In Deutschland können wir, auch nachdem der finale Bescheid schon ergangen ist, gegen einen Steuerbescheid Einspruch erheben, wenn wir feststellen, dass wir einen Fehler zu unserem Nachteil gemacht haben. Wir sollen in der Lage sein, einen Fehler auch nachträglich zu korrigieren. Gemäß einem aktuellen Gerichtsurteil geht das aber nicht mehr, denn das Gesetz gibt eine detaillierte Liste von Fehlern vor, natürlich alle aus der analogen Welt. Die heutigen Fehler sind aber digital, die Fehlerquellen entsprechend nicht aufgeführt.

Anstatt sich auf die Absicht eines Gesetzes (Fehler auch nachträglich korrigieren zu dürfen) zu konzentrieren, liegt der Fokus damit auf den möglichen Fehlerquellen, die sich aber massiv gewandelt haben. Die Grundsätze und Absichten bleiben die gleichen, aber spezifische Gesetze und Durchführungsbestimmungen müssten ständig angepasst werden, weil sie zu sehr auf Details abheben, die sich zunehmend schnell verändern. Langfristig führt das zu unsicheren Rechtssystemen, da der Gesetzgeber nicht mehr mit den in immer schnelleren Abständen nötigen Anpassungen hinterherkommt. Es ist höchste Zeit, hier umzudenken. Es wäre ein sinnvoller Ansatz, die Absicht zu definieren und zu ergänzen, dass diese Absicht gilt, ungeachtet dessen, wie sich die Situation entwickelt. Da zur Auslegung der Gesetze auch rechtskräftig ergangene Urteile hinzugezogen werden, müsste sich diese Intention zudem in der Rechtsprechung durchsetzen. Denn erlassene Gesetze werden in der Rechtspraxis durch rechtskräftige letztinstanzliche Urteile fixiert. Auch hier muss sich das Denken – oder besser die Herangehensweise ändern! Es sieht also nicht danach aus, als würde es sich schnell ändern.

Sie erinnern sich vielleicht: Vor wenigen Jahren wurde ein, ich glaube, es hieß sogar so, „Steuerentlastungsgesetz" auf den Weg gebracht. Es sollte der große Wurf werden und die Steuererklärung massiv vereinfachen. Es wurde sogar fraktionsübergreifend mit großer Mehrheit angenommen, und es ging dann an das Bundesfinanzministerium, das die Durchführungsbestimmungen erarbeitete. Das Ergebnis war genau das Gegenteil von dem, was beabsichtigt war: ein bürokratisches Monster. Die Grünen-Politikerin Renate Kynast sagte einmal in einem Interview, sie habe die beamtete Staatssekretärin des Ministeriums gefragt, wie das passiert sei. Die Antwort: Sonst hätte man ja die Kontrolle verloren ... Hier haben wir ihn, den wahren „Tiefen Staat", der durch starre Strukturen, Mikro-Management und Kontrollsucht echte Reformen verhindert und am Ende zum Stillstand führt. Die finanzielle Unterstützung des US-Präsidentschaftskandidaten Donald Trump durch einige Tech-Milliardäre wie Elon Musk begründete sich offenbar darin, dass unter ihm die Regulierung deutlich geringer ausfallen dürfte, was der Refinanzierung der Technologieinvestments zu Gute käme. Das ist kein Grund, nicht zu regulieren, eher im Gegenteil. Aber: Bitte mit Augenmaß!

Besonders in Europa neigen wir dazu, übermäßig vorsichtig zu versuchen, alle Eventualitäten abzudecken. Das führt zwangsläufig zu einen Übermaß an Bürokratie. Schauen wir uns die DSGVO, die Datenschutz-Grundverordnung, an. Natürlich ist der Schutz der Privatsphäre wichtig, aber warum erfordert es die aktive Zustimmung zu Cookies, wenn Sie eine Webseite aufrufen? Das ist für Benutzer unbequem und für Anbieter sehr komplex. Auch MiCA (Markets in Crypto Assets), der EU Krypto-Regulierungsansatz, der bald in Kraft treten soll, scheint eine zusätzliche Ebene der Komplexität für Unternehmen zu schaffen. Das zu Beginn formulierte Ziel war, die

Regulierung der Kryptowährungen auf das gleiche Niveau wie die Regulierung des regulären Finanzmarkts zu bringen, den am stärksten (über)regulierten Markt überhaupt.

Das ist nichts im Vergleich zum neuen EU-AI-Gesetz. Die Europäische Kommission hat sich sehr früh mit dem Thema befasst und den Regulierungsprozess gestartet. Das Problem ist, dass man in einer so neuen Umgebung noch nicht wissen kann, was und wie es überhaupt sinnvoll ist, zu regulieren. Die kürzlich von der EU, den USA und 14 weiteren Staaten unterzeichnete internationale Vereinbarung zur Vermeidung des Missbrauchs von KI ist zwar nicht bindend, versucht aber, die verschiedenen Ansätze zum Thema in verschiedenen Staaten flexibel unter einem Dach zusammenzuführen. Für mich sieht das nach einem sehr vernünftigen Ansatz in einem Bereich aus, der auch ein guter Ansatz für das AI-Gesetz gewesen wäre. Das jetzt verabschiedete Gesetz legt fest, das eine KI immer von Menschen kontrolliert werden muss, der Mensch darf das nicht alleine einem KI-Bot überlassen. Dabei ist jetzt schon absehbar, dass der

Mensch auf die Bots angewiesen sein wird, um aufgrund zunehmender Komplexität überhaupt den Überblick zu behalten, wenn sich die Technologie so schnell wie erwartet entwickelt. Das schließt die theoretische Gefahr ein, dass die KI uns „etwas vormacht". Trotzdem läuft es auf einen Kontroll-Bot-Einsatz hinaus. Entweder wir unterlaufen den Rechtsrahmen, oder aber wir werden von der internationalen Entwicklung abgehängt. Bei der Geschwindigkeit, mit der die Entwicklung fortschreitet, wäre das sicherlich fatal.

Es gibt jedoch rechtliche Fragen von globaler Bedeutung, die grundsätzlich neu gedacht werden müssen und tief in unsere ethischen Prinzipien eingreifen. Ich habe die E-Mobilität schon erwähnt, also selbstfahrende Autos. Das Problem ist, dass eine Situation eintreten kann, in der die KI entscheiden muss, eine Gruppe von Menschen zu retten, indem sie eine einzige Person tötet. Zu entscheiden, eine Person zu töten, um andere zu retten, ist in keinem Rechtssystem möglich. Das ist ein ethisches Problem, das weltweit gilt, unabhängig von kulturellen Unterschieden. Daher gehen die Autohersteller in

Richtung Assistenzsysteme, wie zum Beispiel zum Einparken, anstatt vollständig autonome Autos auf den Markt zu bringen. Irgendwann werden sie trotzdem kommen, irgendjemand wird diese Tür öffnen, und ich habe eine Idee, wer das sein könnte.

Resümee-I

All diese Beispiele zeigen, wie eng miteinander verbunden diese Technologien sind. Eine Technologie unterstützt die andere, KI bietet Autonomie, Blockchain die finanziellen und transaktionalen Instrumente und Transparenz, während allmählich Teile unseres Lebens in das Metaversum übergehen. Das erfordert ein hohes Maß an Sicherheit auf Seiten der Daten - aber auch für die Privatsphäre. Beides wird durch die massive Rechenleistung von Quantencomputern weiter herausgefordert, die die Geschwindigkeit der Innovationszyklen weiter erhöhen und die Datensicherheit weiter herausfordern werden.

Das erfordert eine wohl dosierte Regulierung, denn eine Überregulierung zerstört Chancen. Diese würden von anderen Akteuren und Märkten mit einer anderen

Kultur genutzt. Langfristig wären wir dann von diesen abhängig. Allerdings wird unzureichende Regulierung auch zu Problemen führen. Die richtige Mischung ist das Erfolgsgeheimnis für jeden Markt und jede Gesellschaft. Wir müssen versuchen, die Kontrolle über unsere eigenen kulturellen Rahmenbedingungen zu behalten. Das ist möglich, aber auch eine Herausforderung.

DAS „MINDSET"-PROBLEM,···

Das alles steht im Widerspruch zu unserem Bewusstsein und unserer Denkweise. Der englische Begriff „Mindset" beschreibt das irgendwie deutlicher, unser Denken ist geprägt. Unser Gehirn ist einfach nicht für die weitreichende und langfristige Dynamik ausgelegt, mit der wir inzwischen konfrontiert sind. Tatsächlich ist das juristische Problem bei der vollautonomen individuellen E-Mobilität auch eine Frage des Mindsets: In direkter Gefahr entscheidet sich jeder für den geringsten Schaden, entweder für sich oder für andere.

Einige priorisieren den Schutz ihrer eigenen Person, andere entscheiden sich, das Auto in den Fluss zu lenken, um nicht in eine Gruppe von Menschen zu fahren – ungeachtet der

Tatsache, dass sie dann wahrscheinlich ertrinken werden. Einige opfern sich für den Schutz anderer und werden normalerweise als Helden bezeichnet. Neutral betrachtet, was also ist der Unterschied, wenn ich mich dafür entscheide, nur eine Person umzufahren, statt in die Gruppe zu rasen? Die Entscheidung ist intuitiv und nicht vorher festgelegt.

Unsere Ethik-Tradition bestimmt, dass kein Leben höher bewertet werden darf, als ein anderes, und von daher eine Entscheidung nicht getroffen werden darf. Ich bewerte hier nicht, ich beschreibe nur das sehr komplexe Szenario. Werte bleiben für viele Jahrhunderte konstant, aber plötzlich werden sie vom sogenannten Fortschritt in Frage gestellt. Aber eine Änderung und vor allem die vorherige Bewertung brauchen Zeit.

Ein weiterer Aspekt unseres Mindsets ist die Auswirkung des "Zeitgeists" - ein deutscher philosophischer Begriff, der sogar ins Englische übernommen wurde. Er steht für die Ideen, Überzeugungen und Gefühle, die typisch für eine bestimmte Periode sind. Im Moment fördert dieser Zeitgeist den Egoismus, so ist zumindest mein persönlicher Eindruck. In den sozialen Medien finden wir unzählige Beiträge sogenannter Coaches, die uns sagen, dass, wenn wir uns nicht selbst lieben, wir auch andere nicht lieben können – oder man erzählt uns, wir müssten uns von "toxischen Menschen" trennen, die uns davon abhalten, den großen Durchbruch zum persönlichen Erfolg zu haben.

Das sind nur wenige Beispiele für Ratschläge zur erfolgreichen Selbstoptimierung. Man kann das alles als banales Gewäsch betrachten, jedoch zeigt die große Anzahl dieser Beiträge und die Reaktionen darauf, dass Egoismus zumindest in weiten Teilen der sozialen Medienblase sehr populär ist.

Ohne Zweifel, der aktuelle Trend ist der persönliche Erfolg: Du kannst alles erreichen; du allein setzt deine eigenen Grenzen. Das hat Auswirkungen auf unsere gesamte Gesellschaft. Wir leben in einer Zeit schwindender Familienwerte. In vielen entwickelten Ländern erreichen Scheidungsraten wie auch die Zahl alleinerziehender Mütter historische Höchststände. Das spiegelt sich auch in der LGBTQ-Bewegung wider. Jeder hat das Recht, seine eigene Existenz einschließlich seines Geschlechts zu definieren. Ohne Zweifel ist das eine sehr weitreichende Form, seine Individualität zu leben.

In konservativen Teilen der Gesellschaft wird das als viel zu weitreichend betrachtet. Es entsteht Widerstand. Der wird verstärkt, weil Mitglieder der LGBTQ-Community Toleranz einfordern, die sie selbst nicht bereit sind, anderen entgegenzubringen. Aber Toleranz ist keine Einbahnstraße. Unsere demokratische Gesellschaft basiert auf Toleranz – und den Respekt für verschiedene Lebensstile und Meinungen. Die „Cancel Culture", also das Ausgrenzen anderer Meinungen, ist einer der Hauptgründe dafür, dass sich unsere Gesellschaft so radikal spaltet, zumindest auf der einen Seite.

Auf der anderen Seite gibt es eine konservative Gemeinschaft, die sich von Entscheidungen in unserer Gesellschaft abgekoppelt fühlt; sich unwohl fühlt angesichts zunehmender Veränderungen und des Verlusts von Kontrolle und Wohlstand. Dieser Cocktail wird noch weiter angeheizt, wenn ihre Ängste auf Intoleranz stoßen. Das hilft populistischen Gruppen, zu wachsen. Sie geben vor, die Ängste ihrer potenziellen Zielgruppe zu verstehen, und sie nutzen sie oft, um eigene, teils verborgene und nationalistische Agenden voranzutreiben.

Wenn die Hüter des sogenannten "Mainstream" das früh genug verstanden hätten, hätten viele der heutigen Probleme vermieden werden können. Jetzt ist es viel schwieriger geworden, sie zu lösen. Wir befinden uns immer noch in einer Spirale, die sich selbst antreibt. Das macht das Gegensteuern schwer. Wir sehen es in den USA, aber wir sehen es auch in anderen Ländern. Wenn wir jedoch einige unserer brennenden globalen Probleme lösen wollen, bevor es zu spät ist, müssen wir wieder lernen, zusammenzuarbeiten. Voneinander zu

lernen – das bedeutet, einander mit Respekt und Toleranz zu-
zuhören.

Die beiden von mir beschriebenen Beispiele sind recht
unterschiedlich, wurzeln aber auf derselben Grundlage – dem
Mindset. Ich habe bereits über einige der Besonderheiten gesprochen, die es uns schwer machen, die heutigen globalen
Herausforderungen angemessen zu bewältigen. Gleichzeitig
können einige der neuen Technologien dazu verwendet werden, unseren Mindset zu erweitern. Es muss keine Einbahnstraße sein. Wir entscheiden, wie wir die neuen Möglichkeiten
verwenden wollen.

···und Soziale Medien,···

Diese Aussage trifft auf jeden Fall auf die Sozialen Medien zu. Facebook und Co haben uns persönlich und unsere
Gesellschaft mehr beeinflusst als alles andere in der jüngsten
Geschichte, zum Guten wie zum Schlechten. Milliarden-
schwere Unternehmen wie Meta, die Mutter von Facebook,
die auch Instagram und WhatsApp kontrolliert, Microsoft, das
die Business-Plattform LinkedIn erworben hat, TikTok, das
von einer chinesischen Gruppe kontrolliert wird, oder X, das
frühere Twitter, das von Elon Musk übernommen wurde, und,
wie viele meinen, völlig überdreht wurde, um nur die

wichtigsten Plattformen zu nennen, haben die Art und Weise verändert, wie wir miteinander kommunizieren und - das ist noch wichtiger – wie wir uns informieren. Die Unternehmen hinter diesen Plattformen sind sehr mächtig geworden, mit viel Einfluss nicht nur auf die Finanzmärkte, sondern auf unsere Gesellschaft insgesamt.

In den Sozialen Medien kann jeder Nachrichten und Informationen teilen mit der Möglichkeit, riesige Zielgruppen auf der ganzen Welt zu erreichen. Das geht heute nicht mehr so einfach wie früher, da die Unternehmen versuchen, über die Reichweite Geld zu verdienen. Jeder aber, der sich etwas auskennt und den Aufwand nicht scheut, wird potenziell zum Nachrichtensender. Damit können natürlich auch Fake News schnell und grenzenlos verbreitet werden. Das ist zu einem brennenden Thema geworden, das seine toxische Wirkung voll entfaltet, wenn es auf den entsprechenden Mindset trifft. Die verstärkt sich noch, wenn die Gesellschaft hilflos auf die Herausforderung reagiert.

Die Welle der Fake News hat uns überrascht, und die Antwort der Behörden auf der ganzen Welt war dieselbe: Sie folgten ihrem ersten Impuls und verlangten von den Plattformen, solche Fehlinformationen zu löschen. Nun, Fake News oder anders gesagt Desinformation sind kein neues Problem, und Zensur hat noch nie dauerhaft als Problemlöser funktioniert. Im Gegenteil.

Das Phänomen ist also nicht neu, nur das Ausmaß hat eine ganz andere Dimension. Ich erinnere mich an Gespräche in Kneipen, als ich ein Kind war. Landein, landab hörte man die gleichen kruden Thesen. „Stammtischparolen" wurden sie genannt. Hochgerechnet war auch das schon eine riesige Gruppe in unserer Gesellschaft. Dort wurde im Wesentlichen das gesagt, was wir heute in den Sozialen Medien finden. Mit einem Unterschied: Es gelang nicht, diese kleinen privaten Stammtisch-Kreise zu verlassen, oder sich gar nennenswert zu vernetzen. Vor allem aber hatten sie keine Chance, es in die sogenannten Mainstream-Medien zu schaffen. Das Potential dieser Gruppe blieb entsprechend verborgen, obwohl man es durchaus hätte erkennen können. Diese Gruppe lebte auch in einer Filterblase, einer analogen. Natürlich schauten sie sich Fernsehnachrichten an und lasen Zeitungen, aber sie nahmen nur diejenigen Stücke heraus, die ihre Perspektive auf den Zustand der Welt unterstützten, fügten sie entsprechend ihrer Erwartung zusammen, auch wenn sie ihre Thesen dann nur in ihrem kleinen Kreis laut aussprachen.

Als die Sozialen Medien aufkamen, änderte sich das schlagartig. Die Protagonisten der auf "alternativen Fakten" basierenden Welt erkannten, wie viele sie waren. Die digitale Filterblase vermittelt ihnen noch mehr den Eindruck, dass sogar die ganze Welt so denkt. Der Algorithmus von Facebook und Co zeigt den Nutzern nur Beiträge an, die ihre Meinung bestätigen. Das lässt diese Gruppe noch selbstbewusster und auch aggressiver auftreten.

Auf der anderen Seite wurde die Gesellschaft dadurch kalt erwischt, dass ein zuvor verdrängtes Problem urplötzlich sichtbar wurde. Es hätte als Chance verstanden werden können, aber stattdessen war die Reaktion hilflos. Das allerorten von der Politik geforderte Löschen von Beiträgen ist keine angemessene Antwort. Als ein besserer Weg erscheint es, Fake News zu kennzeichnen und ihnen die Fakten beizustellen. Doch das könnte sich auch als Bumerang erweisen. Für Fake-News-Gläubige wird eine Kennzeichnung schnell zu einem Gütesiegel: Die falschen Behauptungen müssen doch stimmen, da sich der Mainstream so viel Mühe macht, sie zu diskreditieren.

Das ist ein Problem, das sicherlich nicht einfach zu lösen ist. Es eskaliert gerade in Zeiten des Wandels, die Ängste und Unsicherheiten verursachen. Menschen, die ihr Leben bislang unbeschwert genossen haben, sind nun misstrauisch gegenüber der Gesellschaft und suchen nach Wegen, ihre alten

Komfortzonen zurückzugewinnen. Das macht sie offen für Verschwörungserzählungen. Mehr Bildung wird oft als mögliche Lösung genannt. Das geht aber nicht von heute auf morgen und wird in den meisten Fällen nicht so einfach funktionieren. Es hängt sehr von der richtigen Herangehensweise ab. Diese Menschen neigen dazu, in "hermetischen Welten" zu leben, die keine anderen Fakten zulassen. Es ist eine ähnliche Denkweise, wie wir sie auch in religiösen Sekten finden – aber eben auch in Ideologien. Tatsächlich funktionieren diese Fake News häufig nicht in einem spezifischen Umfeld. Die gleichen Meldungen können aus radikalen linken und rechten Gruppierungen kommen, die entweder bewusst Fake News verbreiten oder tatsächlich an diese alternativen Fakten glauben.

Es scheint schwierig zu sein, dem zu begegnen, wenn man das Recht auf freie Meinungsäußerung respektiert. Jeder kann seine Überzeugungen äußern, auch wenn sie noch so „dumm“ sind. Der einzige Ansatz, das ist meine persönliche Überzeugung, besteht darin, sich auf Quellen zu konzentrieren, die absichtlich Fake News produzieren, und diese Websites zu blockieren. Es gibt zwei Akteure auf diesem Gebiet, zum einen diejenigen, die diese Nachrichten ausschließlich produzieren, um ihre Klickrate zu steigern, um damit Werbeeinnahmen zu generieren, zum anderen Organisationen, öffentlich oder privat, die versuchen, die Meinung in einer Gesellschaft zu beeinflussen, um einen Vorteil für ihre eigene Agenda zu schaffen.

Natürlich ist auch das wieder ein Wettlauf zwischen Hase und Igel. Ich kann nur reagieren, muss die Seiten erst identifizieren, die sofort nach der Blockierung unter neuer Domain, auf einem anderen Server wieder ans Netz gehen. Kurzfristig kann es der Gesellschaft etwas Erleichterung bringen, aber langfristig sollten andere Lösungen gefunden werden. Mit KI-generierten Deep Fakes wird das Problem im Übrigen noch schwieriger zu lösen, da sie immer schwerer zu identifizieren sind.

Es gibt einen weiteren Aspekt, der mit der Desinformation Hand in Hand geht. Ich spreche von den sogenannten "Shitstorms". Ich glaube, dieser Begriff muss nicht mehr übersetzt werden. Er ist vulgär, umgangssprachlich, aber beschreibt ziemlich genau das, was da passiert: Einen massiven Angriff mit Beleidigungen bis hin zu Morddrohungen auf Beiträge in den Sozialen Medien mit manchmal vielen Zehntausenden von Reaktionen in sehr kurzer Zeit. Die gleiche Gruppe von Menschen, die für Fake News ansprechbar ist, neigt oft dazu, gegnerische Aussagen zu „trollen", also zu stören, und deren Autoren mit gewalttätigen oder bedrohlichen Kommentaren zu überfluten. Einige reagieren darauf tatsächlich in der vom Angreifer beabsichtigen Weise. Sie hören auf, ihre Meinung zu äußern. Sich einschüchtern zu lassen, ist sicherlich eine nachvollziehbare Reaktion, aber nicht die beste.

Dabei können wir solche Angriffe unterschiedlich bewerten, je nachdem aus welchem Lager sie kommen. Sie werden weithin akzeptiert, wenn sie sich an den rechten Gegner, an vorgebliche oder tatsächliche Nazis, richten. Wenn sie von rechts kommen, sind wir sofort empört; dabei richten sie den gleichen Schaden an. Ein Beispiel: Ein hochrangiger verdienter Politiker einer Partei, die niemand mit rechtem Gedankengut in Verbindung bringen würde, kommentierte in einem Interview die verbalen Angriffe auf einen anderen Politiker seiner Partei durch eine Transgender-Aktivistin. Während einer Podiumsdiskussion, an der beide teilgenommen hatten, hatte der Politiker den Aktivisten als weiblich angesprochen, obwohl der Aktivist sich dazu entschieden hatte, männlich zu sein, was im Erscheinungsbild aber nicht eindeutig zu sehen war. Der verdiente Politiker, ohne das Recht sein Geschlecht frei zu wählen, in Frage zu stellen, äußerte Verständnis für die Position seines Kollegen, der die geschlechtliche Zuordnung seines Gegenübers gar nicht hätte erkennen können. Das löste einen massiven Shitstorm gegen den verdienten Parteigänger aus, dem Sexismus vorgeworfen wurde. Das Parteipräsidium bekundete sofort, ohne Rücksprache mit dem Kollegen, einseitig die Unterstützung für den Transgender und behauptete, der verdiente Kollege sei zu weit gegangen und habe in keiner Weise die Position der Partei zum Ausdruck gebracht. Dass die getätigte Aussage sehr ausgewogen und die Reaktion in den Sozialen Medien völlig überzogen war, spielte keine Rolle.

Wenn wir die Reaktionen auf Shitstorms genauer analysieren, sehen wir in vielen Fällen, dass sie völlig übertrieben sind. Das sehen wir bei ernsten politischen Themen, aber auch in der Unterhaltung. Auch dazu ein anonymisiertes Beispiel: Ein TV-Unterhalter macht in seiner Show einen schlechten Witz, der als sexistisch betrachtet werden könnte. Als Ergebnis gibt es einen Shitstorm in den sozialen Medien, 40.000 negative Kommentare innerhalb der ersten 30 Minuten. Danach wurden nicht viele Kommentare hinzugefügt. Das ist normal, denn die Leute reagieren, wenn sie es in ihrem News-Stream sehen, und da ist er in der Regel nur kurze Zeit sichtbar. Einige Millionen Menschen sahen jedoch die Show, etwa die Hälfte von ihnen weiblich. Nur ein Bruchteil fühlte sich beleidigt genug, um sich dem Shitstorm anzuschließen. Sicher, es war ein schlechter Witz. Was aber lustig ist oder nicht, ist eine sehr individuelle Einschätzung. Die meisten Zuschauer jedenfalls waren nicht empört oder beleidigt. Muss sich der Entertainer also entschuldigen oder gar sein Verhalten ändern? Wohl kaum, denn die flapsige Art ist ja genau das, was seinen Moderationsstil ausmacht, und was viele seiner Fans erwarten.

Oft sind die Reaktionen auf Shitstorms übertrieben. Manchmal scheint es klug zu sein, mit ihnen viel entspannter umzugehen. Es hilft, das Problem in das richtige Verhältnis zu setzen. Dadurch wird der Weg für eine Lösung frei gemacht. Das Problem ist dann häufig auch gar nicht mehr so groß.

···Verschwörungsmythen,···

Aber natürlich kann es auch außer Kontrolle geraten. Was mich wirklich schockiert, war der Erfolg wirklich wilder Verschwörungstheorien, die wissenschaftliche Fakten ignorieren und große, auch gebildete, Gruppen in der Gesellschaft erreichen. Teilweise überbewerten wir auch hier die Auswirkungen. Aber das Problem bleibt sehr komplex.

Der Erfolg der Verschwörungsmythen hängt auch mit den Sozialen Medien zusammen, aber nicht ausschließlich. Dort werden sie nur sichtbar. Wieder ist es der Mindset, eine bestimmte Erwartungshaltung, die Menschen dazu bringt, solche hermetischen Parallelwelten zu übernehmen, die eine völlig andere Perspektive auf die Welt voraussetzt. Während des engen Präsidentschaftswahlkampfs in den USA im Jahr 2020 zwischen dem damaligen Präsidenten Donald Trump und seinem Herausforderer Joe Biden, der am Ende knapp gewann, glaubten laut Umfragen über 40 Prozent der US-Wähler zumindest teilweise an die sogenannte Q-Anon-Verschwörung.

Diese recht bizarre These behauptet, dass führende Personen der Demokratischen Partei in Kinderhandel verwickelt seien und Tausende vermisster Kinder in riesigen Höhlensystemen, unter anderem unter New York City, gefangen hielten, um sie zu foltern und eine aus deren adrenalingeladenem Blut gewonnene Droge zu extrahieren, die die Eliten konsumieren, um das Altern zu stoppen. Donald Trump sei ausersehen, diese Kinder zu retten und die USA vom sogenannten "Tiefen Staat" zu befreien, von „Liberals" (im US Gebrauch auch ein Schimpfwort, gleichbedeutend mit „Kommunisten") wie

Bill Gates, die Clintons und die Obamas. Es ist eine grobe Erzählung, und es ist schwer zu glauben, dass überhaupt jemand sie ernst nehmen kann. Trotzdem war eine große Gruppe konservativer Wählerschichten in den USA für diese Geschichten offen, die durch mystische, sogenannte Q-Drops eines anonymen, selbsternannten Regierungsinsiders in regelmäßigen Beiträgen auf den Sozialen Kanälen angeheizt wurden.

Später, während der Covid-19-Pandemie, gab es ähnliche Erzählungen rund um die Impfung, dass etwa Bill Gates sie initiiert habe, um die Überbevölkerung der Welt zu reduzieren, oder um Nanochips in unsere Blutgefäße zu implantieren. Ziel sei es, uns auszuspionieren oder zu kontrollieren. Die Pandemie selbst sei von den USA gemacht worden, um dieses Komplott zu ermöglichen. Alte antisemitische und freimaurerische Verschwörungsmythen vermischen sich mit neuen technischen oder der Science Fiction entlehnten Narrativen.

Es gibt unterschiedliche Schichten in diesem Narrativ, je nachdem, wie tief man eintaucht und wie bereit man ist, die volle Dosis zu akzeptieren. Allgemeine

Frustrationen und Ängste werden bedient, je nachdem wie ausgeprägt sie sind. Je tiefer wir uns einlassen, desto hermetischer wird dieses Universum und desto mehr werden wir in eine Kapsel eingeschlossen, die von der realen Welt abgeschottet ist. Es ist eine relativ kleine Gruppe, die tief eintaucht. Aber in diesen Zeiten des Wandels sind mehr Menschen involviert oder übernehmen zumindest die „weicheren" Teile der Verschwörungserzählung. Q-Anon ist mittlerweile ein Konzept, das unabhängig geworden ist von seinem Initiator und weltweit mit vielen verschiedenen Gesichtern verbreitet ist. Auch im Umfeld des geplanten Umsturzes der Gruppe um Heinrich XIII Prinz Reuß in Deutschland spielte die angebliche Verstrickung deutscher Regierungseliten in den Kinderhandel eine Rolle.

Das Muster ist das Gleiche wie in Sekten, aber auch in vielen Ideologien. Im Gegensatz zu Verschwörungen, die behaupten, die Welt vor dunklen Mächten zu retten, versprechen Sekten den einzigen Weg zum Seelenheil, und Ideologien behaupten, die einzige Lösung zur Heilung der Welt zu haben. Die Narrative sind nicht auf bestimmte Gruppen innerhalb des ideologischen Spektrums beschränkt. Verschwörungstheorien sind in einem populistischen „rechtsextremen" Umfeld zu finden, aber ähnliche Muster sind auch auf der entgegengesetzten Seite erkennbar.

Tatsächlich sahen wir bei Straßenprotesten gegen die Covid-19-Maßnahmen Menschen aus beiden Gruppen Seite an Seite marschieren. Vor kurzem sah ich einen Friedensmarsch - sehr fröhlich, mit fröhlichen Pop-Klängen. Die Teilnehmer versuchten, Menschen am Straßenrand zum Mittanzen zu bewegen. Da war einerseits die erwartete Gruppe traditioneller Friedensmarschierer mit der weißen Taubenflagge oder der mit dem Friedenszeichen. Aber andere trugen Schilder mit Aussagen, die wir von der Q-Anon-Verschwörung kennen. „Wach auf und fang an, unabhängig zu denken", „Lerne, wie Mainstream-Medien dich manipulieren" und so weiter. Es war insgesamt eine relativ kleine Gruppe von Marschierern, vielleicht 100 Leute, die Verschwörungstheoretiker waren vollständig integriert.

···Wokeismus···

Bist du „woke"? Ich habe diesen Begriff bereits früher verwendet. Woke steht für „Diversität", „Antirassismus", „Geschlechtergleichheit" und „politische Korrektheit". Alles sind sicher wichtige Themen, solange sie nicht den Anspruch haben, alles in ihrem Sinne zu vereinnahmen. Sie dürfen nicht zu „Cancel Culture" führen, einem weiteren Begriff aus dem woke-Umfeld. Es wird wirklich zum Problem, wenn Menschen gecancelt werden. Was dem hochrangigen Politiker passierte, den ich im vorherigen Kapitel erwähnte, ist noch ein vergleichbar harmloses Beispiel für „Cancel Culture". Es gibt Fälle in der ganzen westlich geprägten Welt, in denen Journalisten oder Universitätsprofessoren ihre Jobs verloren, weil sie nicht vollständig den woke-Standards entsprachen. In diesen Fällen wurden Existenzgrundlagen von Familien zerstört, nur weil die woke-Ideologie kritisch hinterfragt wurde. An einigen deutschen Universitäten muss man, wenn man einen Antrag auf Mittel für ein Forschungsprojekt stellt, diesen „geschlechterneutral" formulieren. Wenn nicht, wird man aus dem Antragsverfahren ausgeschlossen. Man hat dann keine Chance, die nötigen Mittel zu erhalten, nicht weil die Qualität des Projekts nicht gegeben wäre, sondern, weil die Verwendung woker Sprache verweigert wurde. Unabhängig davon, wie konsequent das angewendet wird, ist allein die Tatsache, dass Mitarbeiter die Diskussion in die Öffentlichkeit tragen, ein deutlicher Hinweis auf die Stimmung an diesen Einrichtungen.

Aber auch die klassischen Medien spielen mit und treiben die Spaltung der Gesellschaft weiter voran. Hier ein ganz aktuelles Beispiel aus Deutschland: Auf einer anonymen Seite der offen verfassungsfeindlich auftretenden „Antifa" (Antifaschisten) wird von einer konspirativen rechten Veranstaltung berichtet, organisiert von einer rechten Kulturunternehmerin und ihrem Mann. Alle lokalen Zeitungen springen darauf an, recherchieren weiter. Auch wenn das Treffen sich als wenig konspirativ herausstellte, ein konservatives Netzwerk hatte einen lokalen AfD-Abgeordneten eingeladen, um mit ihm zu diskutieren, graben die Medien weiter. Umstände, über die noch die im vergangenen Jahr positiv berichtet wurde, werden nun als Beleg angeführt, dass das Paar zumindest dubios im ultrarechten Fahrwasser agieren könnte. Sicher, die Dissertation des Ehemannes wurde in einem neu-rechten Magazin positiv besprochen, das heißt aber nicht, dass der Mann damit einverstanden war, oder das sogar initiiert hatte. In einer gemäßigt konservativen Zeitung hatte er von 20 Jahren (!) die These aufgestellt, dass bestimmte Probleme auf der Ebene eines Nationalstaates schneller zu lösen seien. Das ist keine aktuelle Meinungsäußerung und auch nicht falsch. Auch die Einwände der Unternehmerin, sie habe die Veranstaltung gar nicht organisiert, sei selbst nur Gast gewesen, werden in den Medien zitiert, aber offenbar nicht ernst genommen. Das Kulturunternehmen hatte sich in den über 20 Jahren seines Bestehens ein breites lokales Netzwerk teils öffentlicher Kooperationspartner geschaffen, die sich plötzlich allesamt von dem Unternehmerehepaar distanzieren. Das Ehepaar steht plötzlich, von heute auf morgen, vor dem wirtschaftlichen Nichts. Sicher, beide sind erzkonservativ, stehen aber fest auf dem Boden der freiheitlichen Grundordnung. Ihr Pech ist, dass die „Antifa" alle diffamiert, die sie als faschistisch definiert, das fängt bereits bei bürgerlichen konservativen Parteigängern an. Und Pech war auch, dass der Schutz der Demokratie gegen rechts gerade so aufgepeitscht wurde. Dabei hat die Unternehmerin lediglich ihr verbrieftes Recht auf freie politische Information wahrgenommen. Es ist nicht einmal sonderlich wahrscheinlich, dass sie Wählerin der erklärten Ultrarechten Partei ist. Ich muss gestehen, mich hat dieser Vorfall im entfernteren Bekanntenkreis, dass so etwas hierzulande inzwischen möglich ist, schockiert. Einer Familie wurde ihre wirtschaftliche Existenzgrundlage genommen. Deutschland Anno 2024: So schützt man keine Demokratie. Im Gegenteil, so vertieft man die Spaltung der Gesellschaft und treibt den Populisten noch weiter Wähler zu.

Ohne Frage leben wir wieder in einer Zeit des Bildersturms. Selbst klassische Literatur wird umgeschrieben, Denkmäler werden abgerissen, und Straßen umbenannt, nur weil sie einen Vertreter des Kolonialismus darstellen oder als Sexisten oder Rassisten gesehen werden. Um einige Beispiele zu geben: Die schwedische Kinderbuchautorin Astrid Lindgren beschreibt in ihrem klassischen Roman „Pippi Langstrumpf" Pippis Vater als „Negerkönig". Das N-Wort ist heute verpönt und daher wird das in neuen deutschen Ausgaben in „Südseekönig" geändert.

Hier in Deutschland gibt es viele Apotheken und Straßen, die den Begriff „Mohr" enthalten. Dabei handelt es sich in den allermeisten Fällen nicht um eine Anspielung an einen Menschen dunkler Hautfarbe. Zumeist bezieht er sich auf den „Heiligen Mauritius", einen katholischen Heiligen, der auch „Mohr" genannt wird. Er war ein römischer Sklave, der später freigelassen wurde, eine steile Karriere im römischen Militär machte – bis er zum Tode verurteilt wurde, weil er den Befehl verweigerte, Christen zu töten. Wer kennt heute den alten Heiligen noch? Der Name der Apotheke kann falsch verstanden werden und muss deshalb verschwinden. Oft sind diese Forderungen erfolgreich.

Denkmäler und Bücher sind Teil unseres kulturellen Erbes. Natürlich ist General Robert E. Lee, ein pro-Sklaverei-Führer der Konföderierten während des US-Bürgerkriegs Mitte des 19. Jahrhundert, heute kein Held mehr. Aber die Denkmäler, damals zu seinen Ehren errichtet, dienen heute als Warnung dafür, nicht wieder in die alten Vorurteile zurückzufallen. Indem man sie abreißt, eliminiert man die Erinnerung an die Geschichte aus dem Straßenbild, man macht sie stumm und diejenigen stärker, die man eigentlich bekämpfen will.

Ich gebe ein weiteres Beispiel: Als Teenager liebte ich es, wie viele noch in meiner Generation, die Bücher von Karl May zu lesen, die er im 19. Jahrhundert schrieb. Er reiste nie in den Wilden Westen oder an die anderen Orte rund um den Globus, über die er schrieb. Er schuf Stereotypen über Indianer, aber er hatte eine humanistische Mission. Sein Winnetou wurde in Deutschland zum Sinnbild des edlen Indianers. Wenn wir als Kinder „Cowboys und Indianer" spielten, hatten wir immer Schwierigkeiten, genug Cowboys zu finden, weil wir alle die „guten", also die Indianer sein wollten. Ist das „kulturelle Aneignung"? Das schon. Aber warum sollten deshalb die Bücher verbannt werden? Niemand hätte den Interessen der amerikanischen Ureinwohner besser gedient als Karl

May. Jeder weiß, dass seine Geschichten Fantasie sind und versteht die Botschaft.

Wokismus ist auch eine Denkweise. Vielfalt ist wichtig. Jeder sollte in der Lage sein, sich in jeder Weise auszudrücken, die er möchte, um sich selbst zu verwirklichen – natürlich nur, solange niemand anderes verletzt oder daran gehindert wird, seinen eigenen Weg zu gehen. Das ist letztlich Basis jeder Demokratie! Das macht jede Gesellschaft interessant. Auch das Geschlechterthema ist wichtig, und es ist gut, das Bewusstsein dafür zu schärfen. Jeder kann natürlich die geschlechtsneutrale Sprache verwenden. Aber es müssen diejenigen respektiert werden, die das nicht tun. Demokratie schließt „Cancel Culture" aus, weil Demokratie per Definition vielfältig ist. Auch ändert man einen Rassisten nicht, indem man ihn cancelt. Jemand, der Angst vor Homosexuellen hat, wird nicht anfangen, sie zu lieben, nur weil man es ihm sagt. Solange er keine Maßnahmen gegen Homosexuelle ergreift, hat er immer noch das Recht, seine Meinung zu äußern. Das müssen wir in einer Demokratie aushalten, auch wenn es verständlicherweise schwerfällt. Natürlich kann und muss man gegen seine Meinung argumentieren. Aber er verdient immer noch den gleichen Respekt, den jeder Mensch erwarten kann.

Mit Verboten bekommt man keine ungeliebten Teile des Meinungsspektrums aus der Welt und drängt nur Teile der Gesellschaft in den Untergrund, wo sie dann schwer kontrollierbar sind. „Respekt" ermöglicht allen ein friedliches Zusammenleben. Ohne diesen Respekt werden diejenigen, die sich in der Gesellschaft heute nicht gehört fühlen, die, die sich nach ihren alten Komfortzonen sehnen, nicht gewonnen, sondern in die Arme von Extremisten getrieben.

Noch vor wenigen Jahren sind sie einfach nicht mehr zur Wahl gegangen. Nichtwähler kann man so einfach ignorieren. Dann gibt es plötzlich diese neue Partei, sie ist in gewisser Weise radikal, aber sie greift ihre Ängste auf, verspricht einfache Lösungen. Sie kehren zu den Wahlurnen zurück und geben „Proteststimmen" ab. Infolgedessen werden sie noch mehr gecancelt, und am Ende identifizieren sie sich vollständig mit dieser populistischen Partei.

Es gibt niemanden mehr, der mit ihnen diskutiert, ihnen eine andere Sichtweise anbietet und ihnen Alternativen zeigt. Die Partei scheint ihrer Situation näher zu sein, als jede andere, und sie verspricht, einen Unterschied zu machen. So macht „Cancel Culture" letztlich populistische Parteien stärker. Das sehen wir heutzutage überall in der westlich geprägten Welt.

In gewisser Weise müssen alle Mainstream-Parteien auch populistisch sein. Die Bedeutung des Wortes „populistisch" ist, dass man die „Vox Populi", die Bevölkerung hört und auf ihre Ängste reagiert. Das bedeutet nicht, die gleichen einfachen Antworten zu versprechen, wie die Parteien am linken und rechten Rand. Aber bitte nehmen wir unsere Kritiker ernst und zeigen wir ihnen, dass wir die Probleme erkennen. Das bedeutet manchmal auch, einige Entscheidungen zu ändern oder gar einige Ideen aufzugeben, zumindest sie für eine Weile zu verschieben.

Unser „populistisches" Problem ist zu einem großen Teil hausgemacht. Die Bedrohung für unsere Demokratien könnte zumindest kleiner sein, wenn wir ihre

Prinzipien– auch mit Gruppen, die sich sehr voneinander unterscheiden, einen Kompromiss zu finden – nicht vergessen hätten. Mittlerweile ist die neue Konstellation mit starken populistischen Parteien etabliert und es wird viel schwieriger sein, sie einzudämmen. Es kann aber erreicht werden! Es ist eine lange und komplizierte Reise mit vielen Risiken. Wir müssen Toleranz und Kompromissbereitschaft wieder weit auslegen und umsetzen.

...und die Rolle der Bildung

Die Antwort liegt in der Bildung, nicht nur für unsere Kinder oder diejenigen, die unsere Demokratien ablehnen, sondern für die ganze Gesellschaft, auch für die, die sie lenken. Wir sprechen viel über "lebenslanges Lernen". Das bedeutet, dass wir uns im Laufe unseres gesamten Lebens an immer neue Plattformen, Tools und neue Arbeitsweisen anpassen müssen. Aber es bedeutet noch viel mehr: Wir müssen die Notwendigkeit langfristigen Handelns und Denkens akzeptieren, anstatt weiter nach kurzfristigen Lösungen zu suchen. Wir müssen unsere Komfortzonen den neuen Möglichkeiten anpassen, anstatt auf unserer vertrauten Umgebung zu beharren.

Manchen Menschen gelingt das sehr schnell, aber sie sind bei weitem nicht die Mehrheit. Die Anpassung muss viel schneller fortschreiten, obwohl es „gegen die Natur geht". Das ist ein langwieriger Prozess.

Natürlich passt sich die junge Generation, die sogenannten Digital Natives, die mit der jeweiligen Technik aufgewachsen sind, schneller an. Das trifft aber nur auf die Zeit ihres Heranwachsens zu. Später fällt es auch ihnen viel schwerer, sich an Veränderungen anzupassen. Wir müssen generationsübergreifend arbeiten, aber nicht jeder sieht das so; manche glauben, sich dagegen stemmen zu können. Ein Grafikdesigner, den ich kenne, sagt, dass er sein Leben lang gegen KI kämpfen wird. Sein Kampf ist zum Scheitern verurteilt. Dabei ist das Muster längst bekannt: Zuerst neigen wir dazu, Veränderungen zu ignorieren, dann lehnen wir sie passiv ab und schließlich kämpfen wir dagegen. Das ist die letzte Stufe. Wir haben keinen Erfolg damit. Wir neigen dazu, wissenschaftliche Fakten zu ignorieren oder sogar abzulehnen, um unsere Komfortzonen nicht verlassen zu müssen.

Wie müssen lernen zu akzeptieren, dass Selbstsucht und Intoleranz am Ende jedem von uns schaden. Wenn wir so weitermachen, werden wir den Kampf um die Zukunft verlieren. Das Problem ist, dass wir Veränderungen durch unsere Ablehnung oft zumindest lokal verzögern können. Einerseits ermöglicht das einen harmonischen Prozess der allmählichen Anpassung. Wenn es aber eine gesellschaftliche Grundstimmung ist, dann kommt es lokal zu einem quasi-Stillstand, und wir fallen bald hinter schneller voranschreitende Gesellschaften zurück. Doch die Bremser beharren auf ihrer Agenda. Sie merken nicht, dass sie durch ihren Widerstand nicht nur der Gesellschaft, sondern vor allem sich selbst ein Bein stellen.

Das heißt letztlich, dass wir eine ganz andere Definition des Bildungsbegriffs brauchen. Ich würde es als "ganzheitliche Bildung" bezeichnen, ein Bildungssystem, das aus verschiedenen vernetzten Modulen besteht, von der frühkindlichen bis hin zur lebenslangen Bildung, das sich nicht nur auf praktische Fähigkeiten konzentriert, sondern auch darauf, unsere Denkweisen auf die kommenden Herausforderungen vorzubereiten. Dabei wird es darauf ankommen, ein Bildungssystem zu etablieren, das die traditionelle Denkweise nutzt, anstatt gegen sie zu arbeiten. Das ist durchaus möglich, indem wir kurzfristige Anreizsysteme nutzen, die dazu führen, langfristig unser Verhalten und Denken den neuen Anforderungen anzupassen. Der Frankfurter Neurowissenschaftler Henning Beck sagt, dass die Menschheit ihr Verhalten nur langfristig ändert, wenn sie eine sofortige Belohnung erhält.

Das hat mit dem zu tun, was wir zu Beginn besprochen haben. Wir sind auf kurzfristige Vorteile konditioniert, weil uns das in unserer Evolution entscheidende Vorteile gegenüber unseren Konkurrenten im Überlebenskampf verschafft hat. Dieses Muster ist bis heute aktiv und, richtig angewendet, kann man damit ein Umdenken beschleunigen. Ein Beispiel: In Norwegen sind Wärmepumpen, die als CO2-neutrales Heizsystem der Zukunft gelten, und Elektromobilität sehr erfolgreich, während diese Entwicklung in anderen Ländern viel langsamer verläuft. Der Grund dafür ist offensichtlich: In

Norwegen wurde bis 2023 keine Mehrwertsteuer auf Elektroautos und Wärmepumpen erhoben, was sie günstiger machte als traditionelle Heizungen und Autos. Außerdem sind die Stromkosten niedrig, und liegen bei etwa 4 Eurocent pro Kilowattstunde – bei etwa einem Zehntel dessen, was die Elektrizität derzeit beispielsweise in Deutschland kostet. Verbraucher haben einen direkten Vorteil beim Wechsel zu neuen CO_2-neutralen Alternativen. Das hat erst einmal nur sehr indirekt mit Bildung zu tun, zeigt aber, wie Anreizmodelle funktionieren. Wir können nicht gegen den Mindset arbeiten, nur im Einklang mit ihm. Solange wir versuchen, Menschen zu etwas zu zwingen, in dem sie kurzfristig keinen Nutzen sehen, werden sie sich tendenziell dagegen wehren.

Wir müssen auch "Disziplin" und "Leistung" wieder einen größeren Stellenwert einräumen. Es ist richtig, unsere Kinder (und uns selbst) vor einem Übermaß an Stress zu schützen. Wenn Schüler der westlichen Welt ein komplexes Schriftsystem wie die chinesischen Zeichen lernen müssten, würden sie höchstwahrscheinlich Analphabeten bleiben, denn die chinesische Schrift ist komplex, und lässt sich nur mit Disziplin erlernen. Wenn unsere Kinder jedoch die grundlegende Fähigkeit verlieren, mit Disziplin und Stress umzugehen, verliert unsere Gesellschaft an Leistungsfähigkeit.

Es ist ohne Frage richtig, neueste Erkenntnisse der Gehirnforschung zu berücksichtigen, dass stressfreie Stimulanz unserer neuralen Synapsen unsere Lernfähigkeit erhöht. Es gibt aber Dinge, die gemacht werden müssen, auch wenn sie keinen Spaß machen. Und das geht nur mit Disziplin. Wenn Disziplin nicht mehr Teil des Lernens ist, verlieren wir eine zentrale Fähigkeit. Gleiches gilt auch für Leistung: Häufig werden wir erst in einer Wettbewerbssituation zu Höchstleistungen angeregt. Im friedlichen Wettkampf einen Kontrahenten zu besiegen, gehört zu den kurzfristigen Belohnungen, auf die wir konditioniert sind. Aber der gesellschaftskonforme Einsatz muss erlernt werden.

Work-Life-Balance ist ein wichtiges Thema, ohne Frage, aber es muss Hand in Hand mit Leistung gehen. Die westliche Welt steht im Wettbewerb mit Asien. Im Vergleich stehen momentan weder Europa noch die USA besonders gut da, und dieser Wettbewerb wird weiter zunehmen. Bereits heute verlieren wir in diesem Rennen an Boden. In der Schule werden unsere Kinder unterfordert. Später, an den Universitäten, sehen wir die gegenteilige Situation. Hier sind die Lehrpläne sehr starr geworden und zielen weitgehend darauf ab, die Studenten so schnell wie möglich auf den Arbeitsmarkt zu bringen, allein mit den Fähigkeiten, die von der Wirtschaft nachgefragt sind. Das ist sehr stressig und lässt wichtige Lerninhalte aus, die für Ausgewogenheit im Leben wichtig sind.

Wir müssen, auch im Hinblick auf ein ganzheitliches Innovationsdenken, mehr zur Idee des Studium Generale zurückkehren. Natürlich hat sich das Wissen vervielfacht, so dass es unmöglich ist, auch nur einen Bruchteil abzudecken. Es ist jedoch wichtig, ein Verständnis dafür zu entwickeln, wie Disziplinen in Gesellschaft und Wissenschaft miteinander verknüpft sind und sich gegenseitig beeinflussen, und Anregung für einen produktiven und inspirierenden Umgang mit der Wissenschaft insgesamt zu liefern. Wollen wir in der Zukunft als Spezies erfolgreich bleiben, müssen wir uns dessen wieder viel bewusster werden.

In allen Bildungsbereichen sollte es darum gehen, ein Verständnis für die positiven Auswirkungen von Innovationen zu schaffen und den Wunsch zu wecken, dieses Potenzial optimal zu nutzen, nicht allein individuell, sondern zum Nutzen der gesamten Gesellschaft. Das ist der einzige Weg, um bei neuen Technologien und der Art ihrer Nutzung die Kontrolle behalten zu können. Die große Herausforderung wird in der Tat darin bestehen, in den frühen Bildungszyklen einen mentalen Zustand der Innovationsoffenheit zu schaffen. Aber man darf auch die älteren Bevölkerungsschichten nicht aus den Augen verlieren. Viele Ältere sind viel lernfähiger als ihnen gemeinhin unterstellt wird; es müssen die richtigen Anreize gesetzt werden.

Auch dazu ein Beispiel: Ich habe viele Jahre einen jährlichen Innovationskongress für einen globalen TV-Handelsverband kuratiert. Die Idee war, frühzeitig auf neue Entwicklungen aufmerksam zu machen, um den Mitgliedern des Verbands die Chance zu geben, frühe

Anwender und Wegbereiter zu werden. Diese Gruppe hatte mit ihrer Expertise im „Packaging", also der Angebotszusammenstellung und visueller Aufbereitung, das Potenzial, führend im E-Commerce zu werden. Bereits 2015 haben wir die Blockchain-Technologie auf der Konferenz vorgestellt. Die Unterstützung des Vorstands der Organisation war gleich null, Kommentare der Teilnehmer lassen sich in einem Satz zusammenfassen: "Was hat das mit uns zu tun?" Es war bereits absehbar, dass die gesamte Branche vor einer Disruptionswelle stand. Doch was sagte mir ein leitender Manager des globalen Branchenführers nach der Konferenz? "Wir kennen unsere Zielgruppe. Ab einem bestimmten Alter kommen sie alle zu uns. Unser Geschäftsmodell wird sich niemals ändern!" Er lag so falsch!

Die Krise traf die Branche im zweiten Jahr von Covid-19. Nur vier Jahre nach dieser Konferenz und kurz vor dem Ausbruch der Pandemie kontaktierte mich ein Plattformbetreiber, der einer der Redner auf der Konferenz gewesen war. "Hast Du unsere neueste Meldung gesehen? Wir haben darüber gesprochen, als ich bei Dir auf der Bühne stand. Jetzt machen wir es." Das Problem war, dass vier Jahre zuvor niemand in der Branche ein unmittelbares Einnahmemodell sah – und damit keinen unmittelbaren Vorteil. Man hat die Chance, sich frühzeitig zu positionieren und zum Marktführer zu werden, nicht genutzt. Es sind jetzt junge, branchenfremde Startups oder Technologiekonzerne, die sich in einem weiteren Bereich festsetzen.

Wir müssen eine grundlegende Stimmung schaffen, die Chancen von Innovationen antizipiert. Sie erinnern sich vielleicht an die globale Stimmung nach dem Zweiten Weltkrieg in den 1950er und 1960er Jahren. Breite Hoffnung war, dass die Technologie alle Lösungen liefert. Selbst Kleinwagen sollten mit kleinen Atomreaktoren, die mit nur wenigen Gramm Uran ein Leben lang fuhren, ausgerüstet werden. In dieser Zeit wurden viele Fortschritte gemacht, denken wir etwa an die Mondlandung. Aber auch viel Unsinn. So wurde das Wasser der Flüsse, die den Aralsee speisen, verwendet, um sowjetische Baumwollfelder zu bewässern, was zum Verlust des drittgrößten Trinkwasserreservoirs der Erde führte. Wir müssen jedoch diese Grundstimmung auferstehen lassen – gereifter, ohne diese Übertreibungen. Dabei ist es meines Erachtens eine der dringendsten Aufgaben, unser Bildungssystem zu revolutionieren und innovationssicher zu machen.

Resümee-II

Neue Technologien wie die Sozialen Medien bieten viele Vorteile, aber sie können auch unseren traditionellen Mindset unterstützen und verstärken und lassen damit auch radikale Meinungen sichtbar werden. Die Technologien machen es viel einfacher, unsere Ängste und Vorurteile zu äußern und weltweit Gehör zu finden. Das ist eine Situation, an die wir uns anpassen müssen. Wir müssen nicht nur die Mechanismen dahinter verstehen, wie es funktioniert und was wir damit machen können, sondern auch das Potenzial dessen, was es mit uns machen kann. Sobald wir das Prinzip verstehen, sollte es einfacher werden, richtig zu reagieren und das Potential vernünftig zu nutzen, selbst wenn sich die Technologie weiterentwickelt. Wir müssen anfangen, in diesen Prinzipien zu denken, denn diese haben auch in einem sich weiterentwickelnden technologischen Umfeld eine längere Lebensdauer.

Es gibt sicherlich Herausforderungen im technologischen Fortschritt, besonders sichtbar im Web3-Thema, also der Weiterentwicklung des Internets. Eine gewisse Entspannung im Umgang damit ist angebracht, um blinde kurzfristige Aktionen zu vermeiden, wie wir sie in der jüngeren Vergangenheit immer wieder gesehen haben. Diese blinden Aktionen haben die populistischen Bewegungen auf beiden Seiten des politischen Spektrums eher gestärkt und es schwieriger gemacht, vernünftige Antworten zu finden. „Cancel Culture" ist sicherlich nicht die Antwort. Im Gegenteil, sie verstärkt das Problem auf lange Sicht. Man muss Probleme ansprechen, wenn man sie lösen will. Wenn man sie einfach ausblendet, wird der Druck so lange ansteigen, bis es zu einem inzwischen sehr starken Ausbruch kommt, der das Potential hat, unsere Gesellschaftsordnung insgesamt zu gefährden.

Das ist eine Frage der Bildung und unseres Mindsets. Wir müssen unseren Bildungsansatz drastisch ändern, um sowohl die Herausforderung aus Asien als

auch den Zustand des Planeten insgesamt zu bewältigen. Das geht nur durch eine ganzheitlichere und lebens-
lange Perspektive. Der Technik-Optimismus der 1950er
und 1960er Jahre war aus unserer heutigen Perspektive
in vielerlei Hinsicht naiv und hat neben vielen Fortschrit-
ten auch viel Schaden angerichtet. Dennoch müssen wir
den Grundoptimismus, dass wir mit technologischen Lösungen die Probleme der Menschheit lösen können, wie-
derherstellen.

Es wird eine enorme Aufgabe sein, diesen Geist in
unserer westlichen Gesellschaft wiederherzustellen, einen Geist, der in Asien, insbesondere in China, bereits
sehr aktiv ist, trotz der zunehmend sichtbaren wirtschaftlichen und anderen Probleme. Eine optimistische, pro-in-
novative und technologieorientierte Grundeinstellung
wird uns helfen, die zunehmende Welle des Wandels zu
bewältigen und globale Probleme, wie etwa den Klimawandel, grenzüberschreitend und auf ganzheitliche
Weise anzugehen.

DIE GLOBALE SITUATION

Grenzüberschreitende oder umfassendere globale Maßnahmen sind erforderlich, um die heutigen globalen Probleme zu bekämpfen. Sie sind von uns Menschen verursacht und zu groß, um von einzelnen Gruppen oder Staaten bewältigt werden zu können. Das hängt nicht zuletzt damit zusammen, dass der technische Fortschritt die Welt enger miteinander verbunden hat. Von Frankfurt aus, mit seinem internationalen Flughafen, kann ich die meisten, auch die abgelegensten Orte in 24 Stunden erreichen.

Über das Internet und das noch junge Metaversum kann ich in Echtzeit mit jedem auf der Welt kommunizieren, fast so wie in realen Konferenzen. Das hat einerseits zu den Problemen, also etwa explodierende CO_2 Emissionen, beigetragen, kann aber auch dazu eingesetzt werden, die Probleme zu lösen. Das sollte die Koordination von globalen Task Forces erleichtern. Leider ist das nicht der Fall. Denn das setzt natürlich eine grenzüberscheitende Verständigung voraus, die momentan immer schwieriger zu werden scheint.

In den 1970er Jahren konnte ich fast uneingeschränkt um die Welt reisen und war an den meisten Orten sicher. Heute erfordert es beispielsweise in Pakistan, wenn überhaupt ein Visum erteilt wird, dass ein Reiseführer ständig bei mir ist, um das Entführungsrisiko zu minimieren. Weltweit nehmen Konflikte zu, und Grenzen werden immer mehr zu Festungen ausgebaut. Die nach dem Zweiten Weltkrieg etablierte Machtbalance wird zunehmend in Frage gestellt und friedliche Koexistenz und Austausch gefährdet.

···in der Politik,···

Die Vereinten Nationen, UN, scheinen in dieser Situation globaler Konflikte ein zahnloser Tiger zu sein. Jede Resolution der Generalversammlung, die den Ansichten einer der Vetomächte USA und Russland widerspricht, wird sofort von ihnen blockiert. Trotzdem hat die UN eine nicht zu unterschätzende Wirkung. Sie zeigt, wie stark die Position einer Nation ist, wer Ihre Position unterstützt, oder wie groß die Ablehnung ist. Wenn alle eine Resolution unterstützen und nur Russland oder die USA dagegen sind, ist deren jeweilige Position im globalen

Machtspiel nicht wirklich stark und das wird für jeden sichtbar. Das beeinflusst zumindest Stimmungen. Dadurch entsteht Druck, auch wenn dieser nicht unmittelbar zu Resultaten führt. Es ist kein perfektes System, aber das Beste, was wir derzeit haben.

Die internationalen Beziehungen werden immer komplexer, und das in Zeiten, in denen auch technische Innovationen große Auswirkungen auf die Diplomatie haben. Offensichtlichstes Beispiel ist das Thema Fake News. Alle Regierungen nutzen „Desinformation" mehr oder weniger für versteckte Agenden in der internationalen Kommunikation. Gleichzeitig leiden sie aber auch darunter. Hinzu kommen professionelle Hacker, die jedes Leck meistens früher als später online aufspüren und so abgefischte geheime oder vertrauliche Informationen sofort im Dark Net, einer verbogenen Transaktionsplattform im Internet, oder auch auf den Sozialen Medien verbreiten. Bisweilen kann das auch versehentlich passieren. Die Diplomatie muss lernen, mit beidem umzugehen. Dazu gehören auch Konferenzen auf Onlineplattformen. Einerseits bieten solche Treffen mehr Möglichkeiten für einen direkteren und unmittelbaren Austausch ohne lange Vorlaufzeiten. Andererseits erhöhen sie aber auch das Risiko von Informationslecks. Nachdem die pandemiebedingten Maßnahmen gelockert wurden, begrüßte die damalige deutsche Bundeskanzlerin Angela Merkel, dass persönliche Treffen wieder möglich seien, da es einfacher sei, sichere Besprechungsräume bereitzustellen als sichere Onlineverbindungen. Das stimmt, aber mit einem erheblich größeren Kostenaufwand und deutlich längeren Vorlaufzeiten.

Auch Technologien wie KI und Blockchain werden den diplomatischen Alltag weiter disruptiv verändern, zum Beispiel in der Art und Weise, wie Notizen ausgetauscht oder Dokumente verifiziert werden. Das erleichtert den täglichen Betrieb erheblich, birgt aber auch Risiken, je nach Perspektive oder Aufgabe. Die Diplomatie, bereits eine der komplexesten Tätigkeiten der Welt, wird noch komplexer werden.

Die globalen Beziehungen selbst werden ebenfalls immer komplexer. Die nach dem Zweiten Weltkrieg etablierte Machtbalance hat längst begonnen, sich zu verschieben. Es begann tatsächlich bereits, als der Warschauer Pakt Ende der 1980er Jahre zusammenbrach und die USA als Sieger des langen Kalten Krieges wahrgenommen wurden. Gleichzeitig näherten sich in Asien postkommunistische Länder dem Westen an und begannen, wirtschaftlich mit großem Tempo aufzuholen. Die dynamischste Entwicklung war in China zu beobachten, mit seiner großen Bevölkerung und dem größten homogenen inländischen Markt. Auch das politische System schien sich eine Zeit lang dem Westen zu öffnen. Inzwischen ist die chinesische Führung zu einer autokratischen Struktur mit einem unangefochtenen Vorsitzenden zurückgekehrt.

Um die Situation besser bewerten zu können, sollten wir uns mit dem konfuzianischen Denken vertraut machen, das heute wieder einen starken Einfluss auf die chinesische Gesellschaft und vor allem auch auf die Führung hat.

Ein Beispiel: Konfuzius sagt, dass es Unordnung bedeutet, wenn die Prinzen regieren, während die Herrschaft des Kaisers für Ordnung steht. Dieser Glaube ist tief in der chinesischen Gesellschaft verwurzelt und macht das System über Jahrhunderte hinweg sehr stabil, einschließlich der Zeit nach der Revolution von Mao bis heute zu Xi. Das verwundert auf den ersten Blick, aber es hat mit der Bereitschaft zu tun, einen absoluten Herrscher zu akzeptieren. Während sich die alten kommunistischen und postkommunistischen Herrscher formell von der Tradition abwendeten (wobei die Machtfülle unter Mao fortbestand und auch danach durchaus noch den Vergleich zulässt), stärkt Xi heute wieder die alten Wurzeln. Der real existierende Kommunismus passte sehr gut in ein absolutes Modell der Macht, nicht nur in China: Die sowjetischen Führer wurden oft als die „roten Zaren" bezeichnet.

Das passt erst recht, wenn wir uns den heute propagierten Kommunismus chinesischer Prägung anschauen. Konfuzius sagt auch, dass der Herrscher seinem Volk immer frei alles geben sollte, was auch immer sie sich wünschen, solange es seine Herrschaft nicht bedroht. Das beschreibt ziemlich gut die heutige Situation des kapitalistisch-kommunistischen Hybrids.

Ein weiteres Beispiel ist das Konzept der Assimilation, das tief in der chinesischen Gesellschaft verwurzelt ist. Konfuzius sagt, dass jeder die Möglichkeit haben sollte, jede Position in der chinesischen Gesellschaft einzunehmen, und interkulturelle Ehen sollten erwünscht sein. Langfristig führt das zur vollständigen Assimilation einer kulturellen Gruppe und macht sie zu einem integralen Bestandteil der chinesischen Gesellschaft. Genau dieses Vorgehen machte die „Han" zur heute größten ethnischen Gruppe der Welt. China wurde während seiner langen Geschichte mehrmals besetzt. Am Ende wurden die Besatzer assimiliert, nicht umgekehrt. Das kommunistische Regime wollte den Zeitraum der Assimilation verkürzen, indem es Menschen, etwa in Tibet, in diesen Prozess zwang. Heute wird das Gleiche mit den Uiguren versucht.

Wir müssen unsere westliche Perspektive verlassen und dieses Denken verstehen, um zu begreifen, wie das System funktioniert. Das ist der beste Weg, um eine Antwort darauf zu finden, wie wir uns im Wettbewerb mit China positionieren können.

Chinas Erstarken trifft die USA in einer Zeit innerer Konflikte, die die traditionelle Machtbalance im Land herausfordern. Der ehemalige Präsident Donald Trump ist trotz aller mit ihm verbundenen Skandale, seiner Beteiligung am Sturm auf das Kapitol und seiner zivilrechtlichen Klagen wegen verdächtigen Verhaltens als Geschäftsmann immer noch die führende Figur auf der konservativen Seite der US-Gesellschaft. Der amtierende Präsident Joe Biden repräsentiert das Spektrum der Demokratischen Partei, eine sehr uneinheitliche Gruppe, die von der äußersten Linken bis zum liberalen Spektrum reicht. Das verhindert, dass die Demokraten als Block wahrgenommen werden. Kamala Harris als neue Präsidentschaftskandidatin scheint das mit neu entfachter Euphorie zu überwinden. Allerdings bleibt der Ausgang des Rennens bis zur Wahl Anfang November 2024 weiter offen.

Die amerikanische Gesellschaft ist mit ihren radikalen Flügeln auf beiden Seiten tief gespalten. Die konservative radikale Seite erscheint ziemlich stark und sieht in Teilen Donald Trump sogar als ihren Messias. Seine

Basis ist vor allem im sogenannten „Rust Belt" entlang den südlichen Staaten verwurzelt, die von traditionellen fossilen Brennstoffindustrien, von Kohlebergbau bis Stahlwerken geprägt sind. In diesen Regionen gingen in den letzten Jahrzehnten viele Arbeitsplätze verloren, ohne dass kurzfristig oder mittelfristig eine spürbare Verbesserung zu erwarten ist. Das macht die Menschen verzweifelt und offen für radikale Ideen.

Der Sturm auf das Kapitol vor der letzten Amtseinführung von Biden als Präsident in Washington D.C. macht deutlich, dass das Risiko eines neuen Bürgerkriegs nicht ausgeschlossen werden kann. Die Situation wird noch bedrohlicher, wenn man die große Menge halbautomatischer Waffen berücksichtigt, die es hauptsächlich, aber nicht nur, im Süden der USA in privaten Haushalten gibt. Bereits heute sind politische Entscheidungen der USA unvorhersehbar, mit einem Kongress, der lange Zeit präsidiale Entscheidungen blockierte und es schwierig machte, die Strategie in der Ukraine und im Nahen Osten, wo derzeit globale Krisen im Mittelpunkt stehen, aufrechtzuerhalten.

Davon profitiert etwa Russland in seinem Angriffskrieg gegen die Ukraine, die von den Ländern des westlichen Verteidigungsbündnisses, der NATO, erheblich unterstützt wird. Das destabilisiert die gesamte globale Machtbalance noch weiter. Russland entkoppelt sich auch wirtschaftlich immer stärker vom Westen und versucht, den eigenen Wirtschaftsraum, BRICS (ein Akronym aus den Anfangsbuchstaben der ersten fünf Mitgliedsstaaten, Brasilien, Russland, Indien, China und Südafrika) auszubauen. Dieses Interesse wird von China geteilt, das Russland in vielerlei Hinsicht unterstützt, mit dem gemeinsamen Ziel einer „multipolaren" Welt, ohne Vormachtstellung der USA.

Die Kosten eines russischen Erfolgs in der Ukraine würden erst nach dem Ende des Krieges vollständig sichtbar werden, wie auch das volle Ausmaß der menschlichen Verluste. Es gibt ernstzunehmende Szenarien, die zu der Zeit einen Zusammenbruch befürchten. Ein weiterer Preis, den Russland zahlen muss, ist eine starke, nicht nur wirtschaftliche Abhängigkeit von China, das sich mit Sicherheit seine Unterstützung vergelten lässt. Das kann zu weiteren unvorhersehbaren Spannungen führen.

Der globale Boykott Russlands ist nicht so vollständig, wie es die Initiatoren erhofft haben. Der Iran und Nordkorea, global isoliert, sind natürliche Unterstützer in einer solchen Situation. Aber es geht noch viel weiter. China unterstützt die russische Position offen und sieht Russland als Partner im Kampf gegen die US-Hegemonie. Aber auch Indien und weitere BRICS-Staaten versuchen, ihre wirtschaftlichen Interessen nicht zu schädigen. Darüber hinaus hat sich der Blick auf die Rolle der USA verändert. Natürlich wird der US-Einfluss genutzt, um die eigenen Interessen zu unterstützen und andere auszuschließen. Wir sind es gewohnt, die USA als die „Guten" zu sehen. Das wird nicht mehr von allen geteilt.

Wieder müssen wir uns der unterschiedlichen Perspektiven bewusst sein. Und populistische Führer sind nicht nur in den USA auf dem Vormarsch. In Brasilien hat erst kürzlich die Regierung von einem populistischen zu einem moderateren Präsidenten gewechselt, während Argentinien mit Javier Miley gerade einen populistischen

Führer gewählt hat. Das Land leidet seit vielen Jahren unter einer endlosen Wirtschaftskrise. Keine der moderaten Strategien konnte sie beheben. Die Menschen wollten einfach etwas Neues, und der neue Präsident verspricht radikale Veränderungen. Es kann als Experiment mit ungewissem Ausgang gesehen werden. Auch in Europa gibt es eine starke Bewegung hin zum konservativen, aber auch populistischen politischen Spektrum.

Insgesamt ist die Welt zu einem instabilen Ort geworden. Zusammen mit anderen Themen wie dem Klimawandel und Energieproblemen ist das ein ziemlich besorgniserregendes Szenario. Politik und Diplomaten müssen sehr sensibel handeln. Die China-Taiwan-Frage wird als weiterer Risikofaktor angesehen. Bei ihrem Treffen 2023, dem ersten nach einer langen Pause, sprach der chinesische Führer Xi das Thema ganz offen gegenüber US-Präsident Joe Biden an, dass die Wiedervereinigung Taiwans mit dem Mutterland ganz oben auf seiner Agenda stehe. Taiwan hat sich nie offiziell von China unabhängig erklärt, nachdem die Kommunisten den Bürgerkrieg gewonnen hatten und der unterlegene General

Kuomintang und seine Anhänger 1949 auf die Insel geflohen waren und dort ihre eigene Regierung gegründet hatten. Nach seinem Tod in den frühen 1970er Jahren wurde die Militärdiktatur in eine westliche Demokratie umgewandelt, ohne dass man den völkerrechtlichen Status geändert hätte. China hat die Trennung Taiwans nie akzeptiert; insbesondere Xi möchte die Wiedervereinigung zu seinem Vermächtnis machen, während die USA Taiwan ihre uneingeschränkte Unterstützung zusichern.

Wir können nicht wissen, was passieren wird, wenn die chinesische Wirtschaftsblase platzt. Autokratische Systeme neigen dazu, von internen Problemen abzulenken, indem sie äußere Bedrohungen aufbauen. Zumindest ist das Szenario einer Wirtschaftskrise nicht so unwahrscheinlich. Das jährliche Wirtschaftswachstum in China sinkt, eine riesige Immobilienblase droht mit Verlusten in Milliardenhöhe zu platzen. Bereits heute schnellen die Arbeitslosenquoten insbesondere für junge Absolventen in die Höhe. Ein wirtschaftlicher Zusammenbruch Chinas würde weltweit Schockwellen auslösen. Die Regierung versucht gegenzusteuern. Ob die

Formel „Gefahr erkannt, Gefahr gebannt" hier dauerhaft aufgeht, bleibt abzuwarten. Genauso, wie der Konflikt um Taiwan, der von China immer wieder befeuert wird, mehren sich auch weitere aktuelle Unwägbarkeiten.

Lösungen zu finden, ist nicht einfach. Da der Westen als dekadent, schwach und zerstritten angesehen wird, wird der Druck auf ihn kontinuierlich erhöht. Es gäbe durchaus unkonventionelle Lösungsansätze, die jedoch langfristig viele Risiken bergen. Von daher ist es unwahrscheinlich, dass sie ernsthaft in Erwägung gezogen werden. Ein Beispiel: Wenn die USA China das Angebot machen würden, ihre Ansprüche auf Taiwan zu akzeptieren, im Gegenzug für die Einstellung der Unterstützung Russlands, hätte das unmittelbare Auswirkungen auf andere Verbündete der USA in der Region. Unabhängig davon, ob China einen solchen Vorschlag annehmen oder ablehnen würde, würden allein Gerüchte über solche Gespräche in der pazifischen Region die Frage aufwerfen, ob die USA noch ein vertrauenswürdiger Partner sind.

Aber lassen Sie uns trotz allem dieses Szenario weiterspinnen, um weitere Risiken zu erkennen: China hat nie seine Ansprüche auf einen Teil Sibiriens aufgegeben. Ein Deal zwischen China und den USA könnte beinhalten, diese Gebietsansprüche im Falle eines russischen Zusammenbruchs seitens der USA nicht aktiv zu bekämpfen. Wieder ist es höchst ungewiss, ob China dies akzeptieren würde, aber die Gegenleistung macht es immerhin wahrscheinlicher.

Natürlich wäre ein Zerfall Russlands alles andere als gut, denn was würde mit dem riesigen russischen Nukleararsenal passieren? Es ist auch nicht klar, ob China seinen Teil eines solchen Deals einhalten würde, oder wie eine Stärkung des chinesischen Einflusses in dieser Region aussähe. Es könnte eine globale chinesische Dominanz beschleunigen. Es könnte aber auch sein, dass China zu schnell so groß würde, dass die Integration der neuen Gebiete nicht gelänge und damit das chinesische System schwächen würde. Wir wissen es nicht. Es sind meines Erachtens zu viele Unwägbarkeiten, um solche Schritte ernsthaft in Erwägung zu ziehen.

Die Situation bei den großen Blöcken ist jedoch nicht so hoffnungslos, wie es auf den ersten Blick erscheint. Alle Akteure kennen das Spiel sehr gut, und Indikatoren zeigen, dass sich zumindest im Moment niemand auf das Schlimmste vorbereitet. Das Risiko kommt von anderer Seite. Kleine, teils instabile Länder oder Regionen, die plötzlich unerwartet handeln. Die Huthi-Rebellen im Jemen beispielsweise, die ihre Raketen nicht nur einsetzen, um den Bürgerkrieg in ihrem Land zu führen. Sie greifen mit ihren Drohnen auch internationale Frachtschiffe im Roten Meer an, um die Palästinenser im Nahostkonflikt gegen Israel und die USA zu unterstützen. Das birgt weiteres enormes Eskalationspotenzial in der Region.

Noch gefährlicher ist das wachsende Selbstvertrauen des nordkoreanischen Führers Kim Jong Un, der inzwischen die Kontrolle über sein eigenes Nukleararsenal hat. Er verhält sich zunehmend unberechenbar. Das Arsenal ist klein, aber sicherlich groß genug, um unkalkulierbare Risiken zu bergen.

···Wirtschaft,···

Das alles hat natürlich enorme Auswirkungen auf die globale Wirtschaft. Das globale Wirtschaftsklima ist nur ein Aspekt, aber natürlich ein wichtiger, da er die Grundlage für unseren Wohlstand bildet. In einer gesunden globalen Wirtschaft sollte es keinen Platz für Krieg geben. Von Frieden profitieren wir alle. Der Weg dorthin ist jedoch noch sehr lang, mit vielen Abzweigungen, an denen man falsch abbiegen kann.

In einem Tweet auf X prognostizierte OpenAI-Investor Vinod Khosla, dass KI in den nächsten 25 Jahren die Wirtschaft deflationieren wird und aktuelle Indikatoren wie das BIP an Bedeutung verlieren würden. Tatsächlich ist in der modernen Wirtschaftstheorie die Welt in Ordnung, solange das Bruttoinlandsprodukt, also das BIP, wächst. Immer mehr Experten glauben jedoch, dass das derzeitige Wachstumsmodell überarbeitet werden muss. Das Konzept des "Next-Growth" wird immer beliebter. Es ist erstaunlich, dass es so lange gedauert hat, bis diese Idee aufkam. Schneeballsysteme sind für private Unternehmen und Einzelpersonen überall auf der Welt verboten, denn am Ende gewinnen nur die Initiatoren, weil das System unweigerlich kollabiert. Aber unsere Wirtschaft funktioniert derzeit weltweit nach diesem Prinzip. Die

Qualität der Produkte nimmt dabei aus dem einfachen Grund schon jetzt ständig ab: Was schneller kaputt geht, muss schneller ersetzt werden.

Das hilft den Wachstumsstatistiken, bringt dem einzelnen Verbraucher jedoch keine Vorteile. Im Gegenteil, der Stresslevel steigt und es muss viel mehr Geld ausgegeben werden. Die meisten Menschen sind dadurch am Ende ärmer. Während die Auswirkungen in den sogenannten entwickelten Ländern weniger sichtbar sind oder zumindest zu einem gewissen Grad ausgeglichen werden können, sieht man es in armen Ländern viel deutlicher. Das ist ein weiterer Grund, warum der Westen in vielen ärmeren Regionen an Anziehungskraft verloren hat, die nun auf Unterstützung von neuen Partnern wie China und eben auch Russland hoffen.

Wie jedes Schneeballsystem müsste also auch die gegenwärtige Weltwirtschaft in absehbarer Zeit kollabieren. Pessimistischen Prognosen zufolge könnte das schon sehr bald, 2035, so weit sein. Der World Wildlife Fund for Nature (WWF) hatte in seinem "Living Planet Report" 2008 veröffentlicht, dass sich die Situation seit der vorherigen Umfrage zwei Jahre zuvor, in der der Zusammenbruch unserer Zivilisation für 2050 vorhergesagt wurde, verschlechtert habe. Ich stehe diesen Prognosen immer skeptisch gegenüber, weil sie auf Annahmen basieren, die nur schwer einzuschätzen sind und von daher eine sehr hohe Schwankungsbreite haben. Es ist aber unübersehbar: die Anzeichen mehren sich, dass wir an eine Grenze kommen. Wir sollten mit Augenmaß umlenken, bevor es zu spät ist.

Denn wir müssen etwas ändern – und zwar schnell. Nach dem Zweiten Weltkrieg etablierten sich die USA als Anführer der sogenannten freien Welt und exportierten ihre Version des Kapitalismus. Das wurde nach dem Zusammenbruch des Warschauer Pakts 1989 noch verstärkt, als die USA als einzige "Supermacht" übrigblieb. Eine Zeit lang sah es wirklich so aus, als hätte die "neoliberale" Wirtschaft Erfolg. Ich denke, heute sind sich die meisten Menschen einig, dass dieser sogenannte "Turbokapitalismus" auf Dauer in eine Sackgasse führt. Der Ruf nach einer neuen Definition von Wirtschaftswachstum ist das eine. Es werden auch andere Modelle diskutiert, wie etwa die sogenannte "Gemeinwohlwirtschaft". Das bedeutet, dass nur Unternehmen Geschäfte machen dürfen, die auch dem Gemeinwohl dienen. Es würde eine Kommission aus allen gesellschaftlichen Gruppen geschaffen, die dieses "Gemeinwohl" definiert.

Wie viele dieser Konzepte sieht das auf den ersten Blick großartig aus, aber bei genauerem Hinsehen erweist sich auch das eher als Sackgasse. Diese Art von Kommissionen funktioniert selten. Sie würde leicht von Lobbygruppen dominiert, die ihre eigene Definition von „Gemeinwohl" durchsetzen würden. So könnte es leicht passieren, dass am Ende eine „Gemeinwohldiktatur" mit engen bürokratischen Strukturen stünde, die jede Initiative erschweren würde. Die Konsensgesellschaft entscheidet, in welche Sektoren investiert wird. Andere Optionen würden vernachlässigt. Niemand würde dort noch investieren. Das heißt, es würde auch die Forschung in diesen Bereichen vernachlässigt und somit die Innovationskraft eingeschränkt. Wie oft haben Innovationen in einem Sektor, der lange als unbedeutend angesehen wurde, plötzlich Problemlösungen gebracht? Tatsächlich ist das ziemlich oft der Fall. Daher wäre auch die Gemeinwohlwirtschaft letztendlich zum Scheitern verurteilt.

Dieser Ansatz, Probleme hierarchisch, von oben nach unten, zu lösen, ist nicht ungewöhnlich, aber kompliziert, ineffizient und der teuerste Weg, den man beschreiten kann. Das zeigt ein aktuelles Beispiel aus Deutschland: Die Regierung wollte einen sehr ehrgeizigen Zeitplan zur Reduzierung der CO_2-Emissionen durch den Austausch fossiler Heizungssysteme in Wohngebäuden durchsetzen. Bundeskanzler Olaf Scholz versprach gar ein "Wirtschaftswunder ähnlich wie nach dem Krieg", als Deutschland die Zerstörungen des Zweiten Weltkriegs in Rekordzeit überwand. Im Moment sieht es jedoch überhaupt nicht danach aus. Im Gegenteil, es scheint eher eine Verlangsamung zu geben. Denn die Menschen sind verunsichert, und kleine Hausbesitzer befürchten, dass sie die erforderlichen Investitionen nicht aufbringen können.

Ökonomen sind skeptisch, da ein bloßer Austausch keinen wirtschaftlichen Mehrwert für die Zukunft schafft. Der Grund ist aber vor allem, dass das Gesetz einen strikten Zeitrahmen für den Ersatz fossiler Heizsysteme durch Wärmepumpen anstrebt. In vielen Fällen erfordert das weitere, zusätzliche Renovierungen, um die Gebäude energieeffizienter zu machen. Die Regierung verspricht Subventionen, zumindest auf die Heizungsanlagen. Die Beantragung ist sehr komplex und mit Kontrollinstanzen bestückt. Das bedeutet einen enormen bürokratischen Aufwand. Zur Durchsetzung dieses Austauschs werden zudem fossile Energieträger, wie etwa Erdgas, dem in Deutschland am stärksten verbreiteten Heizungsbrennstoff, aber auch Kohle und Benzin, künstlich durch einen schrittweise ansteigenden CO_2-Preis, also letztendlich eine weitere nationale Steuer, verteuert. Diese Einnahmen hätten bereits längst an „klimafreundliche" Bürger zurückerstattet werden sollen. Ob diese Rückerstattung jemals erfolgen wird, ist unklar, da die Verwaltung darauf nicht eingestellt ist und die entsprechenden Strukturen erst geschaffen werden müssen. Das zeigt die Komplexität dieses Ansatzes und die Verwaltungskosten.

Das zuvor in diesem Buch angeführte norwegische Beispiel zeigt, wie es besser funktionieren kann. Durch günstige Stromtarife und Heizungssysteme wird ein Anreiz gesetzt, dass Hauseigentümer diese Investitionen ganz von selbst und viel schneller, als in einem aufwendig gesteuerten Verwaltungssystem vornehmen. Wir wissen, wie das menschliche Gehirn funktioniert. Warum geben wir also nicht gleich den Anreiz und motivieren zur gewünschten positiven Veränderung? Es spart zudem enorme Kosten in der staatlichen Verwaltung ein.

Das Beispiel erinnert stark an eine „Planwirtschaft", die bereits im „real existierenden Sozialismus" krachend gescheitert ist. Die Marktwirtschaft scheint jedenfalls noch immer ein besser funktionierendes System zu sein. Schauen wir uns daher jetzt mögliche Alternativen zu unserem aktuellen Wachstumsmodell an. Man muss nicht immer das Rad neu erfinden. Manchmal reicht es aus, auf unsere Vorfahren zu schauen und deren Modelle neu zu entdecken. Oft sind sie im Kleinen noch lebendig, gelten nur als völlig unmodern. Heute analysieren Berater kleine Unternehmen und zeigen Wege auf, zu „skalieren", also zu wachsen. Sie verstehen nicht, wenn man ihnen sagt, dass man das gar nicht will, dass es einem ausreicht, einen stabilen Gewinn zu erwirtschaften. Doch immer mehr kleine Unternehmen entdecken genau das wieder neu. Für sie ist es genug, profitabel zu sein, ihre Rechnungen und Mitarbeiter bezahlen zu können. Denn wenn sie wachsen, erhöht sich auch der Aufwand, ohne dass sich die persönliche Lebenssituation wesentlich verbessern würde. Der Verzicht auf Wachstum um jeden Preis würde unsere Wirtschaft stabilisieren, resilienter gegen Krisen machen und vor allem auch Ressourcen schonen.

Das bedeutet nicht, das Wachstum vollständig aufzugeben. Es würde lediglich bedeuten, nur in den Sektoren zu skalieren, die noch nicht ausgereift sind, also beispielsweise in der Umwelttechnologie und beim technischen Fortschritt, um den Markt weiter positiv in Bewegung zu halten. Darauf wies auch Theodor Weimer, Chef der Deutschen Börse, bei einem im Juni 2024 viel beachteten Vortrag vor dem Bayerischen Wirtschaftsrat hin: „Der Treiber der Wirtschaft ist nicht mehr wie in den letzten 30 Jahren der Welthandel. Heute ist es die Technologie, und das wird sie auch in den nächsten 20 Jahren bleiben." Gesättigte Märkte hingegen, um auf unser Beispiel aus der Bekleidungsindustrie zurückzukommen, hält man auf einem "gesunden", stabilen und auch qualitativ hohen Niveau. Natürlich wird es nicht einfach sein, das zu erreichen. Wir müssten während des Übergangsprozesses sinkende Umsätze akzeptieren. Wenn wir in der Bekleidungsindustrie zum alten Modell von nur zwei neuen Kollektionen pro Jahr, der Frühjahrs/Sommer- und der Herbst/Winterkollektion, zurückkehrten, würden die Verkäufe natürlich zurückgehen, aber Rohstoffe und Umwelt geschont, ohne dass den Verbrauchern ernsthaft Komfort genommen würde.

Das wird insbesondere für die Aktien- und Finanzmärkte, in denen sich der Shareholder Value als bestimmendes Kriterium durchgesetzt hat, ein Schock sein. Ich erinnere mich an einen globalen CEO der Finanzindustrie, der auf einer internationalen Konferenz klar zum Ausdruck brachte: "Unsere Aufgabe ist es, den größtmöglichen Gewinn für unsere Kunden zu erzielen. Wenn wir etwas für die Umwelt tun sollen, muss der Gesetzgeber die entsprechenden Gesetze erlassen." Die

Finanzindustrie geht viele Risiken ein, um Gewinne zu steigern, aber neue Geschäftsmodelle im Bereich Nachhaltigkeit werden noch misstrauisch betrachtet. "Interessant, aber nichts, was ich meinen Kunden anbieten kann", sagte mir ein Portfoliomanager bei einer Präsentation nachhaltiger Finanzfonds. Hier werden wir auf die stärksten Bremser bei der Neugestaltung unseres Wirtschaftssystems stoßen. Die Frage ist also, welche Anreize die Finanzindustrie motivieren können, ihr Modell schneller zu modifizieren.

Technologie könnte eine der Antworten sein. KI wird mit Sicherheit nicht nur Arbeitsabläufe verändern, sondern darüber hinaus Anreize schaffen. Aber auch auf der rechtlichen Seite, etwa durch gezielte Deregulierung, lassen sich Impulse setzen. Tatsächlich ist die Finanzindustrie die am stärksten regulierte Branche, und sie ist in vielen Fällen überreguliert. Das wird nicht von jedem negativ gesehen, wie mir ein Bankmanager einmal sagte: "Das verhindert Angriffe auf unser System, da es Start-ups mit ihren Ideen draußen hält. Die sind nicht in der Lage, die Vorschriften einzuhalten." Mit anderen Worten:

Innovationen werden ferngehalten. Regulierung kann beides, den Boden bereiten für Fortschritt, und sie kann verzögern. Es wird Zeit, wieder mehr Offenheit zu wagen.

Das gilt übrigens nicht nur für die Finanzindustrie. Viele Länder und Märkte sind überreguliert und halten damit Innovationen fern, indem sie es erschweren, neue Unternehmen zu gründen oder nachhaltige alte Unternehmen am Leben zu erhalten. Viel zu oft wählen Regierungen einen hierarchischen Ansatz, um nicht die Kontrolle zu verlieren. Sie nehmen dafür unübersichtliche und teure Strukturen in Kauf, anstatt zu motivieren und zu ermutigen, neue Wege zu gehen. Eine vorsichtige, aber signifikante Deregulierung ist in den meisten Märkten notwendig. Langsam wird das von immer mehr Regierungen erkannt. Hoffen wir, dass es nicht nur bei Lippenbekenntnissen bleibt.

Ein ehemaliges Mitglied des Europäischen Parlaments sagte mir, dass man dort nun die Regel eingeführt habe, dass für jedes neue Gesetz mindestens zwei alte abgeschafft werden müssen. Dennoch wird eine effektive Deregulierung viel zu oft durch die komplexen Strukturen innerhalb der Europäischen Union blockiert, gab der Abgeordnete zu. Gerade durch das Ziel, bis 2050 klimaneutral zu sein, ist die Bürokratie eher wieder neu befeuert worden, mit teilweise deutlich bremsenden Effekten. Wir müssen viel schneller überbürokratische Strukturen nicht nur in allen Teilen der Wirtschaft, sondern auch in der Gesellschaft abbauen, um wieder schneller und kreativer zu werden.

Wir sehen zudem in der aktuellen globalen Situation, dass immer mehr internationale Handelsverträge, die über lange Zeit verhandelt wurden, aus den unterschiedlichsten Gründen letztendlich dann doch nicht unterzeichnet werden. 2020 scheiterte TTIP zwischen den USA und der EU, und später wurde es unter der Trump-Administration vollständig begraben. Nur fünf Jahre später, als die USA ihr als "Bidenomics" bezeichnetes Programm zur Stärkung der heimischen Wirtschaft ausrollten, wurden Stimmen laut, dass Europa ebenfalls von diesem Programm hätte profitieren können, wenn TTIP unterzeichnet worden wäre. Die Pandemie hatte gezeigt, dass die globalen Just-in-Time-Lieferketten ihre

Schwächen haben. Länder begannen, mehr Produktions-
linien zurück ins eigene Land zu holen. Dieser Trend
wurde durch die wachsenden Spannungen zwischen dem
Westen und China verstärkt. Bislang kommen aber Versuche, die Abhängigkeiten von asiatischen Großindust-
rien zu reduzieren, nur schleppend voran. 2023 schien
auch der Vertrag zwischen Europa und Südamerika, der
sogenannte Mercosur-Vertrag, nach 20 Jahren Verhand-
lungen gefährdet zu sein. Natürlich sollten wir die Liefer-
ketten kürzer halten und unabhängiger von jedem Markt
werden, aber um die globalen Probleme bewältigen zu
können, brauchen wir auch globalen Freihandel, nicht
nur, um Waren auszutauschen, sondern auch, um unsere
Wirtschaftssysteme zu innovieren.

Wir müssen Startups und Gründer stärken. Sie sind
die Treiber der Innovation. Sie brauchen die nötigen In-
vestitionsmittel für sich und ihre Projekte. Auch ihnen
hilft ein Bürokratieabbau bei der Gründung ihrer Geschäfte und beim Beschreiten neuer Wege. Technologie
und Innovation lieben kleine, schnell bewegliche Einhei-
ten, um ihr volles Potenzial zu entfalten. Sie sind

normalerweise viel schneller als die großen Konglome-
rate mit ihren etablierten, meist komplexen Arbeitsabläufen. Innovationskultur geht Hand in Hand mit einer Star-
tup-Kultur.

Es ist aber auch notwendig, soziale Sicherungs-,
Renten- und Gesundheitssysteme bereitzustellen, die ef-
fektiver sind als die, die wir heute haben. Sehr oft waren
sie den Anforderungen der sich wandelnden Gesellschaft
zur Zeit, als sie eingerichtet wurden, näher als heute.
Aber Regierungen haben sie in der Absicht, Kosten zu
sparen, in den letzten Jahrzehnten zurückgeschnitten.
Trotzdem sind die Kosten explodiert. Eine grundlegende
Reform steht aus. Es ist ebenso notwendig, eine Brücke
zu bilden für diejenigen, die dem Wandel nicht gewach-
sen sind. Dazu gehören Qualifizierungs- und Motivati-
onsprogramme, die es Betroffenen ermöglicht, sich wieder auf eigene und gesunde Füße zu stellen. Das ist erforderlich, um unsere Gesellschaft zu stabilisieren, da es
den Menschen in unsicheren Zeiten mehr Sicherheit gibt.
Und wieder muss man Dinge nicht neu erfinden. Manchmal reicht es aus, alte Konzepte an ein neues Umfeld zu

adaptieren, aber gleichermaßen konsequent und mit Augenmaß.

Es erscheint ziemlich offensichtlich, dass wir das System ändern müssen. Ich bin sicher, dass es immer noch ein kapitalistisches Modell sein wird, ähnlich der ursprünglichen Idee der deutschen Sozialen Marktwirtschaft nach dem 2. Weltkrieg, die begrifflich dem in den USA diskutierten Begriff „Inclusive Capitalism" ähnelt. Es wird nur seine Form ändern müssen zu einem „Nachhaltigen Kapitalismus". Dabei stellt sich auch hier die Frage, wer definiert, was nachhaltig ist, um nicht in eine „Gemeinwohl-Falle", wie bei dem entsprechenden Konzept, zu tappen. Dieser Anpassungsprozess wird daher eine Weile dauern.

Bedeutende und schnelle Veränderungen in Wirtschaft und Gesellschaft können aber nur mit dem Kapitalismus als Treiber schnell umgesetzt werden. Auf keine andere Weise hätte Deutschland nach dem Zweiten Weltkrieg so schnell die Kriegswunden heilen können. Daran sollten wir uns viel öfter erinnern. Es dauert eine Weile, bis der Kapitalismus alte, überkommene

Geschäftsmodelle loslässt und das Potenzial neuer nachhaltiger Lösungen erkennt. Sobald das erreicht ist, werden wir den Schwung erleben.

···und für Nachhaltigkeit

Nachhaltigkeit – wir stolpern ständig über diesen Begriff, wenn wir über Wirtschaft und andere Themen sprechen. Gewöhnlich verbinden wir ihn mit dem Klimawandel und der Reduzierung von CO_2-Emissionen. Doch nachhaltiges Handeln in allen Lebensbereichen wäre für uns alle von Vorteil. Es würde uns zufriedener und gesünder machen – und letztendlich den Planeten retten, weil das insgesamt auch positiv auf das Klima wirkt.

In der Geschäftswelt gibt es verschiedene Konzepte, um Nachhaltigkeit zu erreichen. „Kreislaufwirtschaft" ist ein Modell, „Naturkapital" und der Handel mit CO_2-Zertifikaten sind andere. Kreislaufwirtschaft bedeutet, dass es keinen Abfall geben sollte. Alles sollte recycelt und für neue Produkte wiederverwendet werden. Das Konzept ist nicht neu. Es taucht in Zeiten von Rohstoffknappheit, wie etwa während Kriegen, immer wieder auf. Heute wird es als eines der wichtigsten Instrumente zur Reduzierung von CO2-Emissionen und zur Ressourcenschonung gesehen. Allerdings gibt es noch Einschränkungen. Wenn man alte elektrische Kabel recyceln möchte, gibt es einen einfachen Weg: Man erhitzt die Kabel, der Plastikmantel verbrennt, dann verflüssigt sich das Metall, die Asche schwimmt an der Oberfläche. Nachdem man diese abgeschöpft hat, gießt man das Metall in eine Form und kühlt es ab. Am Ende hat man reine Kupferbarren, die wieder industriell verwendet werden können.

Der Prozess ist ziemlich einfach. Aus diesem Grund wird Altmetall schon seit geraumer Zeit, wenn in der Vergangenheit auch nicht konsequent, recycelt. Der Prozess selbst ist nicht sehr umweltfreundlich oder nachhaltig. Selbst bei der Verwendung erneuerbarer Energien für den Schmelzprozess gibt es Abgase und Asche, da das Plastik im Kabelmantel bislang nicht recycelt werden kann. Natürlich haben sich allgemein die Verfahren für das Recycling stark verbessert und werden das auch in Zukunft weiter tun. Aber noch verbleibt ein Restabfall, der nicht mehr verwendet werden kann. Auch können viele recycelte Materialien noch nur für bestimmte Produkte verwendet werden. Wie groß ist aber der Markt etwa für Gartenbänke aus recyceltem Plastik? Es ist immer noch schwierig, jeden Abfall zu erfassen, so dass viel verloren geht und etwa auch auf wilden Deponien die Umwelt belastet. Die Blockchain-Technologie verspricht Anwendungen, um Abfall zu verfolgen, um die darin enthaltenen Materialen möglichst vollständig im Kreislauf zu behalten. Das wird eine zukünftige, möglichst vollständige Abfallverwertung erleichtern, auch wenn ein solches Trackingsystem vielleicht nicht überall eingesetzt werden kann.

Die Kreislaufwirtschaft ist sicherlich wichtig, aber was mich skeptisch macht, ist, dass der Fokus darauf es uns ermöglicht, unser Wachstumsmodell unverändert fortzuführen. Zumindest für längere Zeit. Um auf unser Beispiel der Bekleidungsindustrie zurückzukommen: Wir können weiterhin Marketingausgaben erhöhen, um die Menschen zu ermutigen, mehr von dem zu kaufen, was sie nie tragen werden, da es später recycelt wird. Die Belastung der Umwelt bleibt dadurch aber hoch. Das ist

Greenwashing, das Problem wird weniger sichtbar, aber es ist nicht gelöst. Abfallvermeidung wird also weiter ein großes Thema bleiben.

Wir müssen auch zu einem vernünftigeren Umgang mit Ressourcen zurückkehren, indem wir die Qualität der Produkte wieder erhöhen und sie bei Bedarf reparieren. Weniger ist manchmal mehr. Teilweise wurden sogar in teuren, als hochwertig deklarierten Produkten und Ersatzteilen ehemals solide Bestandteile durch Plastikteile ersetzt, die so in das Produkt eingebaut sind, dass man nicht an sie herankommt, ohne das Gehäuse zu zerstören. Man weiß, dass das Plastikteil in zwei Jahren brechen wird, während das Metallteil mindestens zehn Jahre gehalten hätte. Aber der Verbraucher soll ja konsumieren, egal zu welchem Preis. Das ist nicht nachhaltig! Wir brauchen sowohl eine Kreislaufwirtschaft wie auch einen verantwortungsvolleren Umgang mit Ressourcen!

Einen ähnlichen Maßstab muss man an andere Konzepte anlegen. „Naturkapital" werde einen Markt für nachhaltige Dienstleistungen und Produkte schaffen. Erst wenn mit der Natur Geld verdient werden kann, erkennen wir deren Wert, sagt Ralph Chami, einer der stellvertretenden Direktoren des Internationalen Währungsfonds und einer der Pioniere in diesem Bereich. Wälder, also Holz, hatten schon länger einen wirtschaftlichen Wert, wurden aber lange einfach nur ausgebeutet, weil sie unerschöpflich zu sein schienen. In Urwäldern, etwa am Amazon, geschieht das noch immer, während man in entwickelten Ländern wie in Finnland bei der Holzproduktion zumindest das Aufforsten nicht aus dem Auge verliert. Die übrige Natur galt ohne kommerziellen Wert. Mit anderen Worten, der Wert war null. „Aber das ist auch ein Wert", urteilt Chami.

Dabei hat die Natur ein Wertpotential, wie wir allmählich erkennen. Schauen wir uns beispielsweise Mangroven und Seegras an. Mangroven galten schon lange als nützlich, um Küsten vor Erosion zu schützen oder bei der Landgewinnung in küstennahen Gewässern. Trotzdem gelten Mangrovenwälder heute als akut bedroht. Seegras ist auch bedroht. Es hatte aber auch bislang keinen bekannten Nutzen. Das ändert sich gerade. Beide speichern CO2 deutlich besser als Bäume,

Mangroven fünfmal und Seegräser sogar 30- bis 50mal mehr. Seegras könnte 45 Prozent des CO2 speichern, das sich bereits in unserer Atmosphäre befindet, wenn wir alle Gebiete wieder rekultivieren würden, auf denen es wachsen kann, sagt Chami. Daraus ergäbe sich für Länder wie die Bermuda-Inseln ein enormes wirtschaftliches Potenzial.

CO2 hat einen Preis pro Tonne. Unternehmen, die ihre Emissionen nicht sofort reduzieren können, haben die Möglichkeit, Emissionsrechte zu erwerben, zum Beispiel von den Bermudas, die große Seegrasfarmen anlegen. Für beide ist es eine Win-Win-Situation. Die Bermudas schaffen eine neue Einkommensquelle, das Unternehmen kann seine Produkte noch etwas länger ohne zusätzliche hohe Investitionen herstellen. Es gibt auch andere Modelle, wie die Tierwelt oder vielmehr deren Schutz monetarisiert werden kann. Unternehmen wird dadurch ermöglicht, mit einer gesunden Umwelt Renditen zu erwirtschaften.

Es gibt aber auch Schattenseiten. Der CO2-Handel wird als eines der wichtigsten Instrumente zur schnellen und signifikanten Reduzierung des weltweiten CO_2-Fußabdrucks betrachtet. Das stimmt sicherlich, um einen Veränderungsprozess zu starten. Langfristig könnte er aber die CO_2-Reduktion verlangsamen. Um auf unser Beispiel zurückzukommen: Die Bermudas hätten kein Interesse daran, dass ein Unternehmen, das seine Emissionsrechte durch den Erwerb von CO_2-Zertifikaten wahrt, schnell in die eigene CO_2-Reduktion investiert. Wenn ich mit Befürwortern dieses Zertifikate-Handels spreche, scheint es immer, dass sie ihn als universelles Werkzeug zur CO_2-Bekämpfung betrachten. Das hängt aber sehr davon ab, wie er verwendet wird. Wir sollten früh genug mögliche negative Auswirkungen berücksichtigen und Strategien entwickeln, wie man sie vermeiden kann.

Das geht nur über Technologie-Neutralität, das heißt, wir sollten uns nicht auf bestimmte Technologien konzentrieren, um eine Aufgabe zu erledigen. Denn wenn man das tut, sind andere Technologien für Forschung und Entwicklung nicht mehr attraktiv. Sie entwickeln sich bestenfalls noch verzögert oder in Erdteilen mit anderem

Fokus. Das führt zu weniger Konkurrenz und damit zu verzögerten Lösungen und höheren Preisen.

Der Ansatz des australischen Unternehmens MCi Carbon zum Beispiel kann sicher eine weitere Lösung bieten, um CO2, das bereits in der Atmosphäre ist, zu reduzieren. Mitbegründer Marcus Daws ist der Laureat der vom DWI vergebenen Wholistic World Innovation Trophy 2023. Die MCi-Technologie extrahiert CO2 aus der Atmosphäre und verwandelt sie in einer chemischen Reaktion mit Kalzium oder Magnesium in Stein, der die Grundlage für Baumaterialien wie Zement oder Beton bilden kann. Dadurch kann gleichzeitig der Mangel an Bausand, der weltweit zu einem ernstzunehmenden Problem heranwächst, reduziert werden. Es gibt andere, ähnliche Projekte. Sie alle tragen dazu bei, unseren Planeten nachhaltiger zu machen. Bald werden wir sehen, wie sich die volle Dynamik entfaltet. Mit etwas Glück setzt diese Dynamik noch rechtzeitig ein.

Wir müssen all das sehr sorgfältig beobachten. Fehler sind leicht gemacht, denn in der Regel sind nicht alle Fakten bekannt, wenn eine Entscheidung getroffen werden muss. Ich bin sicher, dass einige der Entwicklungen, auf die wir heute stolz sind, uns in Zukunft Kopfschmerzen bereiten werden. Der Fokus auf erneuerbare Energien, den wir in einigen Ländern sehen, hat das Potenzial dafür. Zum Beispiel könnten unsere Nachfahren, wenn sie auf den heutigen Hype um Windkraftanlagen zurückblicken, den Kopf schütteln. Die riesigen Bauteile werden mit viel Aufwand aus China nach Europa verschifft und auf massive Fundamente aufgesetzt, nachdem Baugelände und Zufahrtswege, gerade auf bewaldeten Hügelkuppen, großflächig gerodet wurden. Die Entsorgung am Ende der Lebenszeit ist ebenfalls noch ungeklärt, da die Glasfaserbaustoffe bislang nur schwer zu recyclen sind. Wenn wir all das berücksichtigen, sieht die Endbilanz möglicherweise nicht so gut aus, wie die Windkraftbefürworter heute glauben.

Leider kann man Fehler nicht vollständig vermeiden, da das vollständige Bild erst mit gewissem Abstand sichtbar wird. Was mit dem „Erbe" der Windkraft geschieht, sollte tatsächlich Fusionsenergie in absehbarer Zeit zur Verfügung stehen, ist heute genau so wenig absehbar, wie ob sie überhaupt so schnell kommen wird. Letztendlich könnte auch die neue Energieform einige negative Aspekte haben, die uns heute noch nicht bewusst sind.

Ich mag das Beispiel des Projekts „Atlantropa", auch bekannt als „Panropa" aus den späten 1920er Jahren. Ich glaube, es gibt nur noch sehr wenige, die wissen, was das war. Das Projekt hatte einen deutschen Vater, es war aber kein Nazi-Projekt, trotz seiner megalomanischen Dimension und der Zeit, in der die Idee entstand. Der deutsche Architekt Herman Sörgel schlug einen Damm in der Straße von Gibraltar vor, der den Wasserspiegel des Mittelmeers senken und dadurch eine neue Landmasse von der Größe Frankreichs schaffen sollte. Er hoffte, dass die Nazis ihre Kriegspläne aufgeben würden, wenn er ihnen eine Alternative zu ihrem Landhunger böte. Außerdem sollte es den rapiden Anstieg der Energienachfrage befriedigen. Riesige Wasserkraftwerke waren Teil des Plans; die so produzierte Elektrizität sollte auf das europäische Festland geleitet werden. Das Projekt gewann eine beträchtliche Anzahl von Unterstützern, kam aber glücklicherweise nie auch nur in die Nähe der Realisierung. Es hätte nicht nur die gesamte Wirtschaft in den Hafenstädten der Region zerstört. Wie wir heute erkennen können, hätte es wahrscheinlich zu Erdbeben und Überschwemmungen im großen Stil geführt, nicht nur im Mittelmeerraum. Die Umsetzung des Plans hätte zu einer Kaskade großer Naturkatastrophen führen können.

Resümee-III

Chinas Präsident Xi Jinping und der russische Präsident Wladimir Putin betrachten das westliche System als schwach und korrupt. In vielerlei Hinsicht übertreiben sie dabei. Doch in jedem alternativen Fakt steckt immer ein Körnchen Wahrheit. Westliche Gesellschaften sind tief gespalten, was es ermöglicht, ihre Positionen herauszufordern und das Machtgleichgewicht zu verschieben. Derzeit sieht es nicht danach aus, als würde sich dieses Bild bald ändern – im Gegenteil. Je nach Ausgang einiger Entwicklungen im Jahr 2024 könnten sich die Konflikte sogar verschärfen und das Gesicht der Welt weiter verändern.

Dabei ist auch die Situation in China möglicherweise nicht so stabil, wie sie von außen erscheint. Die Wirtschaftsblase und die Arbeitslosenquote unter Hochschulabsolventen geben nur einen Hinweis auf die tatsächliche Lage, was zusätzliche Risiken und Chancen mit sich bringt. Welche dieser Optionen letztendlich gewinnen wird, lässt sich unmöglich vorhersagen. Lösungen benötigen gegenseitiges Einvernehmen, das in der gegebenen Situation sehr unwahrscheinlich erscheint. Die Auswirkungen alternativer Lösungsansätze würden unvorhersehbare Risiken beinhalten, so dass eine Umsetzung nur schwer vorstellbar erscheint.

So oder so hat die Situation in China direkte Auswirkungen auf die weltwirtschaftliche Lage und ist ein weiteres starkes Indiz für die notwendigen Reformen des gesamten Wirtschaftssystems. Weitere Indikatoren und Treiber für Veränderungen sind globale Probleme wie der Klimawandel. Hier erscheinen unmittelbare Maßnahmen notwendig, allerdings behindern und konterkarieren internationale Konflikte abgestimmtes weltweites Handeln. Die Umstellung der Wirtschaft und die Entwicklung von Maßnahmen brauchen Zeit, um sich zu entfalten. Das Problem wird verstärkt, wenn die Welt durch größere Konflikte noch instabiler wird. Um diese Situation zu lösen, ist Geduld nötig. Studien sagen, dass uns die Zeit davonläuft, aber das Gute daran ist, dass diese Ergebnisse nicht präzise sind. Positiv betrachtet stehen daher die Chancen gut, dass etwas mehr Zeit zur Verfügung steht.

Das Bewusstsein und die Instrumente für eine nachhaltige Wirtschaft finden langsam ihren Weg in den Mainstream. Wir sollten jedoch sorgfältig darauf achten, wie wir sie einsetzen. Wenn wir sie nutzen, um das BIP-Modell am Leben zu erhalten, kaschieren wir nur das Problem. Hier könnten neue Technologien wie KI beim Übergang helfen. Wir müssen wirklich lernen, die Ressourcen auf unserem Planeten verantwortungsbewusst und auf sinnvolle Weise zu nutzen. Wir müssen den Produkten ihre volle Lebensdauer zurückgeben. Weniger Verkäufe sind manchmal mehr, zumindest in reifen Märkten. Das bedeutet aber keinesfalls die Abkehr vom

Kapitalismus. Nur damit können Lösungen, wenn einmal erkannt und entwickelt, schnell umgesetzt werden.

CAMPUS und die NEUE INNOVATIONS-KULTUR

Als das Römische Reich im Dunkel der Geschichte verschwand, wurde es in Europa für Jahrhunderte durch das Mittelalter ersetzt, das auch als das „Dunkle Zeitalter" bezeichnet wird. Die römischen kulturellen und technischen Fortschritte gingen weitgehend verloren. Es ist nicht auszuschließen, dass wir bald eine ähnliche globale Phase erleben werden. Geschichte wiederholt sich zwar nicht, aber Muster schon. Es gibt immerhin einen großen Unterschied: Zur Zeit der Römer hatte die Menschheit nicht das Potenzial, den gesamten Planeten zu verwüsten oder ihn gar in einen kalten Fels im All zu verwandeln. Wir haben es! Wir nähern uns dem Scheideweg, an dem wir entscheiden müssen, ob wir als prosperierende Spezies weiterexistieren – oder ein elendes Leben in dunkler Verwüstung führen oder uns gar selbst von der

Erdoberfläche tilgen. Einige werden wahrscheinlich sagen, dass dieser Punkt bereits überschritten sei, wir hätten es nur nicht bemerkt – oder dass es nie unsere Wahl gewesen sei.

Das ist das schlimmste Szenario. Ich bin aber überzeugt, dass es eine gute Chance gibt, das Beste aus dieser herausfordernden Situation zu machen. Wir sind eine hochqualifizierte Spezies und die neuen Technologien, wenn sie richtig eingesetzt werden, bieten die Werkzeuge, um unsere – teils hausgemachten – Probleme erfolgreich zu lösen. Es liegt an uns, unsere Zukunft zu bestimmen. Deshalb müssen wir jetzt handeln, unabhängig von den zahlreichen Hindernissen, denen wir auf diesem Weg begegnen. Wir brauchen eine neue positive Innovationskultur, um es mit all den Veränderungen, mit denen wir konfrontiert sind und noch konfrontiert sein werden, aufzunehmen.

Hier muss ich die Vereinten Nationen in einem Punkt kritisieren. Die „Sustainable Development Goals" der UN [Entwicklungsziele zu Nachhaltigkeit], SDG, auch als „Agenda 2030" bezeichnet, sind ein wichtiger globaler

Ansatz, unabhängig davon, dass ihre Umsetzung durch die aktuellen weltweiten Krisen verlangsamt wird. Das gesetzte Ziel 2030 wird kaum noch eingehalten werden. Das bedeutet jedoch nicht, dass sie keinen Unterschied machen oder langfristig keinen Einfluss haben. „Innovation" ist aber nur einer der 17 Punkte der „Nachhaltigkeitsziele". Der Fokus liegt ausschließlich auf dem technologischen Fortschritt. Wie wir auf diesen Seiten gelernt haben, ist Innovation aber viel mehr als das. Die durch neue Technologien ausgelösten Veränderungen erfordern, dass wir nicht nur unsere Arbeitsweise umfassend anpassen, sondern auch, wie wir unsere Lebenspartner finden oder wie wir ganz allgemein unsere Freizeit verbringen. Kurz gesagt, es betrifft jeden Teil unseres Lebens.

Das bedeutet im Umkehrschluss, dass wir Innovation in jedem Bereich unseres Lebens brauchen. Die Akzeptanz von Innovation und der offene Umgang mit ihr scheinen zentrale Fähigkeiten für unsere Zukunft zu sein. Es ist eine Kernkompetenz für den Gesamterfolg der Nachhaltigkeitsziele. „Wir können nicht nur an einer

Schraube drehen, wir müssen den gesamten Apparat verändern", sagte Fresenius-CEO Michael Senn auf dem Deutschen Wirtschaftsforum 2023 der deutschen Wochenzeitung Die ZEIT. In unserem Kontext zielte die Aussage zu kurz, da er nur auf die Lösung der Probleme im deutschen Gesundheitswesen abzielte (was eine ganz eigene Geschichte ist). Es gilt auch für den gesamten „Apparat", der uns auf unserem Planeten antreibt. Deshalb fördern wir einen ganzheitlichen Ansatz durch und mit Innovation.

Wir müssen von den Extremisten lernen, ganz egal von welcher Seite des Spektrums. Sie wissen, wie man Emotionen anspricht: Emotion schlägt Sachlichkeit, immer! So funktioniert unser Hirn. Unsere Argumente müssen auch emotional ansprechen. Dann haben wir eine Chance, sowohl auf die extreme Rechte als auch auf die extreme Linke etwas mehr Einfluss zu nehmen. Wenn wir etwas bewirken wollen, müssen wir die Ränder beider Gruppen ansprechen. Und wir müssen die Argumente, die die Menschen in die Arme der Extremisten getrieben haben, ernst nehmen – auch wenn es manchem schwerfällt. Wir müssen schnell handeln, bevor es zu spät ist. Das ist – ohne Frage – nicht einfach! Daher müssen wir ein Programm entwickeln. Aber wer in unserer Gesellschaft ist in der Lage, die Initiative zu ergreifen? Die, die qua Amt oder Funktion Einfluss auf unsere Gesellschaft haben, sind viel zu sehr im eigenen Mindset gefangen. Das ist auch ein Teil des Problems.

Das ist weniger schwierig, als es auf den ersten Blick scheint. Seit ich mich mit diesen Themen beschäftige, habe ich immer Menschen und Initiativen getroffen, die sich mit ähnlichen Themen befassen, ähnliche Ideen diskutieren und anstoßen. Was fehlt, ist eine gemeinsame Stimme. Wir sind zu leise. Wenn wir das ändern können, werden wir sehr laut werden. Theoretisch ist das einfach und wenn man sich die Verschwörungstheoretiker ansieht, haben sie es geschafft, sehr laut zu sein. Aber es gibt einen großen Unterschied: Angst ist ein stärkeres Gefühl als Hoffnung, und daher ist es einfacher, mit Angstszenarien gehört zu werden, selbst wenn man nicht so laut ist. Ich spreche von beidem, der Angst vor Veränderung und der Angst, die durch diese angeblichen

Verschwörungen erzeugt wird. Wenn wir es schaffen, alle Initiativen der Vernunft zu bündeln und mit einer koordinierten Stimme zu sprechen, werden wir in der Lage sein, die emotionale Seite ähnlich stark zu berühren. Wir setzen der Angst die Hoffnung entgegen! Damit kann viel erreicht werden, nicht sofort, aber allmählich aufbauend. Das ist der erste Schritt, auf den ein Bildungsprogramm aufbauen kann.

Es sollten vor allem die Menschen angesprochen werden, die an den Rändern populistischer Bewegungen stehen. Da ist die Chance am größten, dass sie Argumenten aus dem angeblichen Mainstream überhaupt noch zuhören. Schwieriger ist es, die eigentlichen Ideologen zu erreichen. Ideologien werden irgendwann scheitern. Menschen werden sich von ihnen abwenden, wenn sie erkennen, dass die Ideologien ihre Versprechen nicht einhalten können. Dann ändert sich die Richtung des Pendels. Leider ist das nicht unbedingt positiv. Sehr oft wird das Pendel weiter zurückschwingen, als es für unsere Gesellschaft gut wäre. Das haben wir in der Geschichte oft genug gesehen. Unser Ziel muss es sein, das

Seil, an dem das Pendel hängt, zu kürzen, damit es nicht so weit zurückschwingt. Das Pendel ist schwer und wurde zu schnell und zu weit in Richtung der woken Seite gezogen.

Das sind leider normale Zyklen. Das Pendel wird stark zurückschwingen. Das ist Physik. Es lässt sich auch auf unsere Gesellschaft anwenden. Beide Extreme sind schädlich. Anders als in der Physik können wir den Ausschlag verringern, zumindest in der Theorie. Es erfordert genug Menschen, die das Prinzip verstehen und dagegen handeln. Dafür muss sich die Politik ändern, um das Vertrauen der Gesellschaft zurückzugewinnen. Da das Pendel schon in die Gegenbewegung geraten ist, kann dieser Politikwechsel anfangs unterstützend für die populistische Gruppe wirken. „Seht, wir hatten die ganze Zeit Recht!" Das müssen wir in Kauf nehmen, da das Pendel sonst noch weiter ausschlägt. Langfristig wird das der einzige Weg sein, Boden wieder gutzumachen.

Im Moment scheinen wir weit entfernt davon zu sein. Zu viele Menschen, die divergierende Ideologien vertreten, üben Macht aus, um ihre kurzfristigen Vorteile

zu sichern. Diese divergierenden Interessen auszuglei-
chen, war die ursprüngliche Idee der Demokratie. Es
funktioniert, solange wir an die Stärke unserer Gesellschaften glauben, den Menschen zuhören und alle mit-
nehmen. In unseren Demokratien wurde das zu lange ignoriert. Und in Ländern, die anfingen, sich zu Demokratien zu entwickeln, ist das Pendel bereits zurückge-
schwungen. In alten, stabileren Demokratien dauert dieser Vorgang länger. Man versucht beispielsweise, die
Bürger durch veränderte Gesetze auf dem Weg zu halten.
Doch das Gegenteil passiert. Zwang widerspricht dem
Prinzip der Demokratie. Man höhlt sich selbst aus. Um im
Bild zu bleiben, die Schwungenergie des Pendels wird
immer weiter auf das Maximum aufgeladen. Besonders
in Zeiten schnellen Wandels ist das toxisch.

Wie sich die Weltgeschichte weiterentwickelt, dürfte unmittelbar vom Ausgang der US Präsidentschafts-
wahl Anfang November 2024 abhängig sein. Vieles, was
lange nicht denkbar schien, mit umfassender Auswirkung
auf die ganze Welt, erscheint inzwischen möglich, im

guten, wie im bösen. Meine Glaskugel verweigert mir derzeit den klaren Blick.

Unabhängig davon wird es nötig sein, einen regulatorischen Rahmen zu schaffen, der Innovation fördert. Das bedeutet auch, dass Bürokratie auf ein Minimum reduziert werden muss, nicht nur, um es Unternehmern zu erleichtern, Unternehmen zu gründen und Zugang zu Kapital zu erhalten, sondern auch, um es uns wieder zu erleichtern, uns als Individuen zu entfalten, ohne starren Regeln des Woke- oder andern -ismen zu entsprechen. Das Rechtssystem muss an die Dynamik dieser Zeit angepasst werden, um der Geschwindigkeit des Wandels standzuhalten. Indem man sich auf die Absicht der Gesetzgebung konzentriert, anstatt darauf, wie sie umgesetzt werden, sollten Gesetze universeller werden. Dadurch haben sie wieder Bestand über längere Zeiträume hinweg. Gleichzeitig müssen Vorschriften klar genug bleiben, um eine Instrumentalisierung, von welcher Seite auch immer, zu vermeiden.

Wir brauchen ein „Level Playing Field", also ein ausgeglichenes Spielfeld, mit gleichen Regeln und Chancen für alle und über Grenzen hinweg. Die Wirtschaft fordert das immer wieder, aber es muss auch in der Gesellschaft wieder stärker erreicht werden. Nationale Rahmenbedingungen müssen global kompatibel sein, mit ähnlichen Standards, um einen einfachen Austausch über Grenzen hinweg zu ermöglichen. Die internationalen Handelsabkommen und Freihandelszonen sind ein richtiger Ansatz. Allerdings sollten sie eher auf grundlegende Strukturen und weniger auf spezifische Warengruppen und Dienstleistungen ausgerichtet sein. Bewegen wir uns hin zu einem „Nachhaltigen Kapitalismus", der auch soziale Aspekte nicht ausklammert, ohne die Kreativität und Dynamik der Märkte zu beschneiden. Brechen wir den aktuellen Trend, der leider in die gegenteilige Richtung geht und dabei noch immer an Momentum gewinnt, letztendlich zum Nachteil aller.

Dabei gibt es durchaus ermutigende Signale, zumindest an der bürokratischen Front, wo in einer zunehmenden Anzahl von Ländern Stimmen laut werden, die den Dschungel ausdünnen wollen. Auf globaler Ebene wird das viel schwieriger sein, da die Interessen weit auseinanderlaufen. Internationale Beziehungen sind hochgradig unvorhersehbar geworden. Dabei sind es nicht allein die großen Machtblöcke, die das höchste Risiko darstellen. Das kommt von kleineren, unkalkulierbaren nationalen Akteuren, die ihre Macht überschätzen.

Was wir in dieser Situation tun können, ist, eine Welle zu initiieren und langsam aufzubauen, um die Bedingungen für die innovationsgetriebenen Erneuerungen des Planeten zu ändern. Die internationalen Grenzen mit divergierenden nationalen, oftmals egoistischen Agenden sind mithin die höchsten Barrieren und Risiken für globalen Wohlstand! Es ist höchste Zeit, die Welle anzustoßen, die Toleranz und die Bereitschaft zum Kompromiss sowohl auf nationaler als auch auf internationaler Ebene zurückbringt. Das ist zumindest ein kleiner Beitrag zum Wohle des Planeten, die Idee hinter CAMPUS. Es ist ein langer Weg, aber die Mühe wert. Doch über allem schwebt eine große Frage: Haben wir genug Zeit, diesen Wandel des Mindset anzustoßen? Das Zeitfenster dafür ist begrenzt. Prognosen sind in der Regel falsch, entweder zu positiv oder zu negativ. Wir wissen es nicht. Wir können nur vorwärts gehen. Wenn wir es nicht tun, werden es andere tun – mit ihren eigenen Agenden und Konflikten, die irgendwann unserer Zivilisation, selbst dem Leben auf unserem Planeten, schaden werden.

Wir sind zum Erfolg verurteilt! Beginnen wir also einen kontroversen, ergebnisoffenen Austausch auf dem CAMPUS MUNDI, um noch rechtzeitig Lösungen für die Welt von morgen zu finden.

DANK, STIMMEN

&

ÜBER INSTITUT UND AUTOR

DANK

Ein solches Projekt ist immer auf viel Unterstützung von außen angewiesen. Mein Dank gilt den vielen ungenannten Mitwirkenden, die ihre Erkenntnisse und Ideen im Lauf der Jahre über Keynotes, Buch- und Zeitschriftenbeiträge, auf Podiumsdiskussionen oder in direkten Gesprächen geteilt und dadurch mein Denken geprägt haben, ohne sich dessen bewusst zu sein.

Ich möchte meinen Partnern im Video-Podcast des DWI „Today & Tomorrow", dem Innovation Profiler Alexander Pinker und dem Digital Business Experten Sanjay Sauldie, danken, dass sie immer wieder meine Denkansätze mit mir diskutieren. Gleiches gilt wieder für Christian Salow, meinem Partner in der vorangegangenen Audio-Pod-cast-Serie "2hochMEHR".

Marion Witte, meine mir angetraute Lebenspartnerin, verdient wie immer die größte Erwähnung für all ihre Unterstützung, die weit über das Korrekturlesen und die Kritik an diesen Seiten hinausgeht.

STIMMEN

„Respekt vor diesem doch beachtlichen Werk!"
Jochen Fasco, Direktor, Thüringische Landesmedienanstalt (TLM)

„Mit fesselnder Sprache und einem klaren Aufruf zum Handeln ist das Werk ein Hoffnungsschimmer in einer Zeit der Unsicherheit."
Sanjay Sauldie, Internationaler Digitalisierungsexperte über die englischsprachige Ausgabe

IN DER PRESSE:

„Campus Mundi ist ein inspirierendes Werk, das zum Nachdenken anregt und gleichzeitig motiviert, aktiv zu werden.." FEK-Eurojournal

„Campus Mundi verbindet technologische Analyse mit sozialer Verantwortung und zeigt auf, dass Innovation nicht nur eine technische, sondern vor allem eine kulturelle Herausforderung ist. Dieter Brockmeyer bietet keine einfachen Antworten, sondern fordert die Leser auf, sich aktiv an der Gestaltung der Zukunft zu beteiligen." Medialist Innovation

ÜBER INSTITUT UND AUTOR

Diplomatic World Institute (DWI) in Brüssel, gegründet 2019, ist ein Spin-off von Diplomatic World, einem Printmagazin, das seit der Jahrtausendwende auf dem Markt ist. Mit seinen vierteljährlich erscheinenden Ausgaben, die bis zu über 300 Seiten umfassen, hat sich das Magazin als Meinungsmedium in der Region Brüssel und weit darüber hinaus einen starken Namen gemacht. Das Institut versteht sich als Schnittstelle zwischen Diplomatie, Wirtschaft und Gesellschaft mit einem besonderen Fokus auf Innovationskultur, der in Zukunft eine besonderen Rolle bei der Bewältigung vieler Probleme unseres Planeten zufällt.

Dieter Brockmeyer ist ein international anerkannter Medien- und Innovationsexperte, Autor, internationaler Keynote-Speaker und Moderator. Er ist Chief Project Officer (CPO) von Diplomatic World und Mitbegründer sowie der Innovationsexperte des DWI in Brüssel. In dieser Funktionen produziert und moderiert er den DWI Video-Podcast „Today & Tomorrow" zum Thema Innovationsdenken. Er ist Mitglied der Chefredaktion des FEK-EUROjournal, wo er die regelmäßige Kolumne „Weiser, Alter Mann" hat. Er kuratiert internationale Branchenkongresse und verantwortet die Wholistic World Innovation Trophy, die das DWI seit 2021 jährlich im Herbst in Barcelona vergibt. Die globale Auszeichnung basiert auf dem ganzheitlichen Konzept der "Wholistischen Innovation", das er für das Institut entwickelt hat und erstmals 2022 in seinem Buch "Pandemia's Box" erläuterte.

Dieter Brockmeyer

Pandemias Box

Eine nachhaltige Zukunft unseres Planeten durch „Wholistische Innovation"

Covid-19 hat unser Leben dramatisch verändert. Dies birgt neue Risiken, aber auch neue Chancen. Wir müssen nicht nur im technischen Sinne innovativ sein, sondern in allen Bereichen unseres Lebens, unserer Gesellschaften, der Wirtschaft. Es beeinflusst unsere Kultur, Finanz- und Gesundheitssysteme und sogar die internationalen Beziehungen. Wir brauchen einen ganzheitlichen Ansatz, um all dies zu bewältigen und die Chance zu nutzen, die brennenden Probleme des Planeten anzugehen und schneller und nachhaltiger Lösungen zu finden. Dieter Brockmeyer vermittelt in diesem Buch eine Vorstellung davon, was „Wholistische Innovation" sein kann. Er versucht nicht, fertige Lösungen bereitzustellen. Das Ziel ist es, eine Debatte zu initiieren und einen Funken zu zünden, der zu Lösungen führt. Der Autor beleuchtet die Probleme, mit denen wir in relevanten Sektoren konfrontiert sind. Das Buch liefert viele Fakten und detaillierte Weblinks, die Raum für zusätzliche individuelle Recherche eröffnen.

DIPLOMATIC WORLD INSTITUTE

Schriftenreihe, Band EINS

Erhältlich Online und über den Buchhandel:

ISBN: 978-3-75-467904-3